Édouard VIOLET

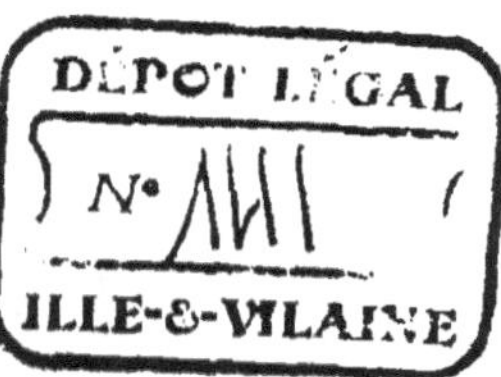

Chansons du jour

—

Chansons de tous temps

IMPRIMERIE GÉNÉRALE DE RENNES

—

1930

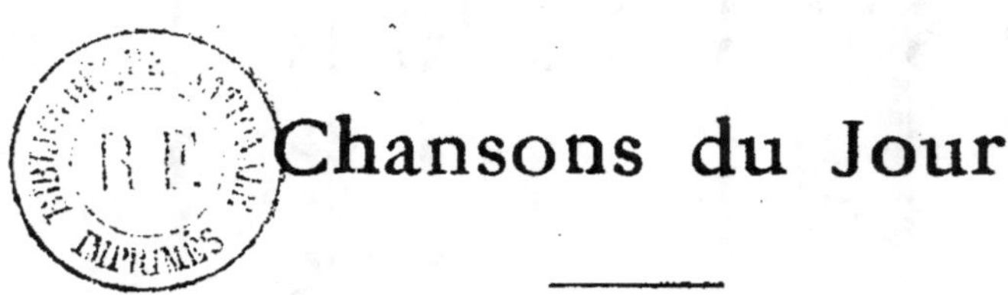

Chansons du Jour

Chansons de tous Temps

Édouard VIOLET

Chansons du jour

—

Chansons de tous temps

IMPRIMERIE GÉNÉRALE DE RENNES

1930

Préface

Après avoir chanté Suzon et la Jeunesse,
Mon vers se fait moins doux dans les chansons du jour,
La satire mordante y remplace l'amour
Et le chant se déploie avec quelque rudesse.

Il montre les travers, toutes les petitesses
De ce temps décadent et le dit sans détour.
Le pouvoir, l'électeur, chacun passe à son tour
Avec tous leurs abus et leurs grandes faiblesses.

Après avoir grincé ma lyre se reprend,
Se refait plus aimable, et, contraste frappant,
Mes chants sont azurés, pas du tout à la page.

Dans ce siècle pratique, ils viennent cadencer
De vieux refrains d'amour, déclarés hors d'usage,
Eternels cependant comme le doux baiser!

Chansons du Jour

JE SUIS RÉTROGRADE

Me suis-je mal levé ? je me sens attristé.
Pourtant le soleil brille et la nature est belle,
Mais je souffre de voir ce qu'est l'humanité,
Au regard du passé, dans notre ère nouvelle.
Les hommes, tout confits dans leur cupidité,
Ne s'aiment pas entre eux et se cherchent querelle.
Leur vie est terre à terre et sans une étincelle ;
Leurs plaisirs excessifs font la satiété.
Tout est en décadence, en pleine débandade.
          Moi, je suis rétrograde !

Les plaisirs d'aujourd'hui, tous les arts sont fameux :
La musique est algèbre et le dessin cubisme ;
La peinture est criarde et me brûle les yeux.
Lire les décadents, c'est bien de l'héroïsme.
La valse a disparu ; des pas fastidieux
Voudraient la supplanter, dans leur froid mécanisme.

Le dancing me déplaît, le jazz m'est odieux.
Aux transports en commun, agaçants, ennuyeux,
Je préfère être à pied, par les bois, en ballade.
            Moi, je suis rétrograde !

Partout les mercantis, les nombreux pots de vin,
Partout l'argent, appât de l'intermédiaire,
La conscience large, au scrupule sommaire,
Partout déloyauté, je m'enfoutisme enfin.
Se solidariser, en se donnant la main,
Respecter ses parents, ce n'est pas nécessaire.
C'est un triste bilan, mais tout à fait sincère,
Déchirant le passé. Que donnera demain ?
Le monde est ainsi fait. Quelle triste façade.
            Moi, je suis rétrograde !

L'Etat cherche querelle et devient oppresseur.
J'aime ma liberté, j'aime mon habitude,
Ma façon de penser. Le progrès me fait peur,
Me gêne et m'asservit. A l'emprise trop rude,
Je me sens révolté, je deviens batailleur.
Comme au passé je vis, sans vouloir qu'on m'embête.
Je ris des mœurs du jour, de la courte toilette.
On outrance sa vie. A-t-elle plus d'ampleur ?
Au diable les parfums, le fard et la pommade.
            Moi, je suis rétrograde !

Je suis simple de goûts, j'aime peu l'aristo,
Ce qui veut dominer, de façon générale.
Je déteste surtout l'infâme crapulo
Qui braille jusqu'au soir l'Internationale,
Dont la loque de sang n'est pas notre drapeau,
Qui méprise nos mœurs et sa terre natale.
Contre elle il veut agir, et sa haine il exhale.
Je le trouve bien laid et mon pays si beau.
Va-t'en gueuler en Prusse ; au large, camarade !
Moi, je suis rétrograde !

LES ARTÈRES DE PARIS

L'encombrement outre mesure
Les fait crever de tension.
On prévoit à la Préfecture
De les supprimer aux piétons,
Aux livreurs poussant leurs voitures.
Pour les autos, qu'on se rassure :
On remuera le sol à fond
Mais les autos circuleront.
    L'artério-sclérose
    Est au cœur de Paris.
    Les piétons en sont cause,
    Augmentons les taxis.

Trop de boisson, de nourriture
Ont provoqué la tension,
Dit le docteur, attention !
L'encombrement fait la rupture.
Tant pis, le malade répond :
Je veux toujours me satisfaire,
Ouvrez la circulation
En élargissant mes artères.
    Paris se meurt ainsi,
    Les piétons en sont cause.
    Le bistouri s'impose
    Pour sauver les taxis.

Paris n'est plus qu'un vrai squelette
Tant on fait des chemins nouveaux,
Dessus, dessous, pour les autos
Et des enfants c'est la disette.
Le commerce s'en va plus haut,
Sur des places aériennes.
Les piétons longent le métro
Et couchent aux voies souterraines.
    Le sol et l'air sont pris,
    Les piétons en sont cause.
    Combinons autre chose
    Pour les futurs taxis.

Enfin des taxis c'est la grève.
Les affairés vont au métro ;
Très vite un grand trajet s'achève.
Plus d'écrasés aux hôpitaux ;
On circule comme en un rêve,
On cause, on peut être badaud.
Au gai soleil on sent la sève :
O mon Paris, ce qu'il est beau !
    L'artério-sclérose
    Doit disparaître ainsi,
    En supprimant la cause :
    Les trop nombreux taxis !

L'INÉGALITÉ

Homme tu crois avoir une grande envergure !
Les plantes, animaux et notre genre humain
Se meuvent ici-bas dans un sort incertain.
Rien n'est vraiment pareil, égal en la nature.
La force, la beauté, le temps, tout se mesure,
Chaque homme est différent et le sera demain.
        Pas d'égalité dans ce monde,
        Ni sur la terre, ni sous l'onde.
        Jamais elle n'existera
        Que par la mort, le choléra !

Tout est comparaison, la force et la faiblesse,
Le sobre en sa valeur, l'ivrogne rabaissé,
Le cerveau tout-puissant, le dément enlisé,
Le sain, le maladif, l'action, la mollesse,
Le bonheur chez les uns, chez d'autres la tristesse.
Rien ne ressemble à rien, tout se trouve opposé.
        Pas d'égalité dans ce monde,
        Ni sur la terre, ni sous l'onde.
        Jamais elle n'existera
        Que par la mort, le choléra !

Que dire des honneurs, des bien-être et richesse?
Partager, c'est fort peu pour chacun en comptant.
Prendre à l'heureux du jour, c'est un remplacement.
Les pauvres, les richards se changeraient sans cesse.
Suivant les temps, l'un monte et l'autre se rabaisse:
C'est l'inégalité, toujours, ainsi qu'avant.
      Pas d'égalité dans ce monde,
      Ni sur la terre, ni sous l'onde.
      Jamais elle n'existera
      Que par la mort, le choléra!

Mesdames, êtes-vous d'un unique modèle?
Et vous nous répondez : c'est une absurdité.
La laideur ne peut pas égaler la beauté,
La femme, un vrai paquet, la svelte jouvencelle,
La coureuse de nuit, une épouse fidèle.
Tout homme peut le dire étant documenté.
      Pas d'égalité dans ce monde,
      Ni sur la terre, ni sous l'onde.
      Jamais elle n'existera
      Que par la mort, le choléra!

Tous ces hauts et ces bas causent de la souffrance
Que nous devons subir, c'est la fatalité.
C'est une triste chose en notre humanité!
Il nous faut amoindrir la forte différence

Par l'élan de nos cœurs, en donnant notre aisance.
Nous devons secourir le mal immérité.
　　Pas d'égalité dans ce monde,
　　Ni sur la terre, ni sous l'onde.
　　Jamais elle n'existera
　　Que par la mort, le choléra !

L'AUTORITÉ A TOUJOURS RAISON.

On ne saurait aimer le maître qui commande.
Chez nous, peuple français, on dit l'autorité.
Nous savons la fronder, la grande majesté,
Peu portée à donner et qui toujours demande.
Elle sait finasser pour avoir notre argent.
Elle exige souvent et ses tracasseries,
Formalités sans nombre empoisonnent nos vies.
Il faut la supporter ; peut-on faire autrement ?
   Quand l'autorité nous ordonne,
   On ne doit pas lui dire non.
   Il ne faut pas que l'on raisonne,
   Elle a toujours raison.

— Monsieur le percepteur, ma feuille est erronée,
« C'est en plus un zéro, mille francs pour cent francs.
— Réclamez mais payez, chaque chose à son temps.
— Mais je suis sans avance et n'ai que ma journée.
— L'argent d'ici huit jours, sinon commandement.
« Pas un des dix sacrés, mais le plus efficace.

— L'erreur provient de vous, mettez-vous à ma place.
— J'attendrai la semaine, et rompez à l'instant. »
Quand l'autorité nous ordonne,
On ne doit pas lui dire non.
Il ne faut pas que l'on raisonne,
Elle a toujours raison.

Monsieur le député, je suis propriétaire;
Malgré le franc très bas je n'ai droit qu'à doubler
Mes petits logements. Si je veux calculer,
Tous les frais de maison vont dix fois l'avant-guerre.
L'Etat prêche souvent la grande égalité
Mais vis-à-vis de moi ce n'est pas nécessaire.
Je ne peux augmenter, lui, c'est une autre affaire :
Il quintuple l'impôt sur la propriété.
Quand l'autorité nous ordonne,
On ne doit pas lui dire non.
Il ne faut pas que l'on raisonne,
Elle a toujours raison.

Le règlement, monsieur, de bien haut vous domine;
Il faut vous incliner devant l'autorité.
La paperasse est tout, et la formalité
Vous osez l'appeler la chinoise routine.
Cessez de rouspéter, infime individu,
Le pouvoir vous tient bien, de toutes les manières,

Dans vos biens, vos enfants, jusque dans vos misères.
Il pourra vous briser comme un simple fétu.
      Quand l'autorité nous ordonne,
      On ne doit pas lui dire non.
      Il ne faut pas que l'on raisonne,
      Elle a toujours raison.

L'autorité nous brime et même nous outrage
Dans tous nos sentiments. Les lois d'exception,
Les enquêtes sans fin, les contraventions
Nous accablent toujours. Tout est mis au pillage.
On vole l'héritage, et des mutations
Ruinent à peu près la fortune publique.
Ce funeste pouvoir n'est pas la République,
Généreuse pour tous, celle que nous aimons.
      Quand l'autorité nous ordonne,
      On ne doit pas lui dire non.
      Il ne faut pas que l'on raisonne,
      Elle a toujours raison.

L'IMPOT DES CÉLIBATAIRES

Vite, mariez-vous, les filles, les garçons,
Mettez la corde au cou, plongez dans la misère
Ou le fisc vous aura par l'impôt cédulaire.
Etre seul est un luxe au temps où nous vivons.
Mais mon gain est minime et je soutiens mon père
Infirme, déjà vieux, comment me marier?
C'est d'un excellent fils, mais il vous faut payer
          Comme célibataire!

Je suis presque difforme et bien vilaine aussi,
Un teint de couperose avec pauvre figure;
Quoique étant très aimante et bonne créature,
A trouver un mari je n'ai pas réussi.
Moi je suis bien chétive, à peu près poitrinaire,
A mon triste destin qui voudrait se lier?
Allons, pas de raisons, vous devez nous payer
          Comme célibataires!

Bien que très jeune encor, j'ai de nombreux enfants,
Mes frères et mes sœurs. C'est moi qui suis leur mère
Depuis que nos parents ont quitté cette terre.
Ils comptent tous sur moi, les petits et les grands.

On me parle mari, quelle grande misère !
Mon devoir est ici dans mon pauvre foyer.
Ma fille, c'est très bien ; mais il vous faut payer
    Comme célibataire !

Assurément très laid, peut-être intelligent,
Je suis mal conformé, j'ai du mal à m'y faire ;
On me voit de très haut, ma bosse est par derrière,
Elle se montre aussi, quelque peu, par devant.
On vient me réclamer un impôt arbitraire ;
Quelle femme, j'en ris, voudrait s'apitoyer ?
Riez, si vous voulez, mais il vous faut payer
    Comme célibataire !

CORDON, S'IL TE PLAIT !

Aujourd'hui se loger est un troublant problème ;
On ne veut plus construire, on démolit toujours.
Lassés d'être brimés, les malheureux vautours
Dédaignent les maisons, dans un dégoût suprême.
Si mal que soit l'abri chacun veut son foyer.
Pas de logis vacants malgré les lois sommaires.
Ce n'est guère tentant d'être propriétaires :
Sans presque rien toucher, il faut toujours payer.
        Je couche au clair de lune,
        Plus de maisons, sauf en projets.
        A toi, concierge, ma fortune ;
        Le cordon, s'il te plaît ?

Un tas de gens douteux, de faces étrangères,
Prennent tout le travail et mangent notre pain.
Pour eux les logements et pour les Français, rien.
Des rastas cousus d'or enlèvent aux enchères
Tous les appartements, les meublent richement,
A bon compte ; le change est à leur avantage.
Mettez-les donc dehors, ils nous portent ombrage,
Et l'on se logera bien plus facilement.

> Je couche au clair de lune,
> Plus de maisons, sauf en projets.
> A toi, concierge, ma fortune ;
> Le cordon, s'il te plaît ?

Sur les anciens fortifs la ville fait construire,
En dehors de Paris, au Sud, à l'Est, au Nord,
De très belles maisons avec tout le confort
Et le luxe moderne ; on vient se faire inscrire,
Beaucoup de demandeurs, mais très peu de prenants.
On ne les donne pas, les locaux de la ville.
Un petit logement, c'est trois billets de mille,
Et c'est nous qui payons tous ces grands bâtiments.

> Je couche au clair de lune,
> Plus de maisons, sauf en projets.
> A toi, concierge, ma fortune ;
> Le cordon, s'il te plaît ?

Les jeunes mariés vont sous le frais ombrage,
Ecouter les oiseaux, et couchent sous les ponts
Avec les réprouvés et tous les vagabonds :
Pas le moindre local pour s'aimer en ménage !
Au sortir de l'église on entend ce refrain :
Nous sommes sans abri, bon curé je vous prie
De nous laisser coucher dans votre sacristie,
Pour la nuit seulement ; demain on prend le train.

Je couche au clair de lune,
Plus de maisons, sauf en projets.
A toi, concierge, ma fortune ;
Le cordon, s'il te plaît ?

JE NE VEUX PAS M'EN FAIRE

Ai-je bien entendu ? tu ne veux pas t'en faire.
A chaque heure du jour, tu le dis ce refrain.
Tu crânes à ces mots et prends un air malin
Et tout le monde rit. Ta phrase est coutumière.
Eternel égoïste, être sans caractère,
De simple jouisseur, tu deviendras gredin.
Tu ne veux pas penser, ton effort est sommaire
Et du malheur d'autrui tu n'es pas solidaire.
Tu jouis bassement, restes dans ton caca.
Tu répètes toujours avec ton air gaga :
         Je ne veux pas m'en faire !

Pacifiste enragé tu sais fuir le danger.
Tu t'arranges toujours pour rester à l'arrière
Quand gronde le canon. Courir à la frontière
Pour défendre ton sol et les tiens protéger,
Tu risquerais par trop, tu ne veux y songer.
Ce n'est guère tentant, ce n'est pas ton affaire
De mourir en héros dans les fils barbelés.
Tu blasphèmes, disant : l'Allemand est mon frère,
Je me fous du pays, qu'importe la bannière ;
Je suis tranquille, moi, j'ai les pieds nickelés.
         Je ne veux pas m'en faire !

Tu laisses tout aller, qu'importe l'avenir,
Le présent te suffit, un présent terre à terre.
Tu n'as pas d'idéal. Est-il bien nécessaire?
Il ne t'empêche pas de manger, de dormir,
D'éviter les ennuis et de toujours jouir.
Ta femme et tes enfants se meurent de misère,
Ta compagne est à bout, tu n'as rien pu donner.
Elle a le lourd fardeau de la famille entière.
Elle vient supplier; touchante est sa prière.
Tu lui réponds crûment : tu peux bien turbiner,
       Je ne veux pas m'en faire !

Quand la vieillesse vient, tu ne peux plus lutter;
Tu ne l'as jamais fait. Tu connais la misère
Mais tu crânes toujours. Est-ce vraiment sincère
Et ton je m'enfoutisme a-t-il pu résister?
Tu trouves naturel qu'on veuille t'assister,
Qu'à tes moindres besoins on puisse satisfaire :
Tu sais demander tout, toi qui n'as donné rien.
On te soigne quand même, on est humanitaire.
Propre à rien, t'es crevé, tu vas pourrir en terre,
Ta mort n'est pas grand'chose et c'est peut-être un bien.
       On ne va pas s'en faire !

SEIZE FRANCS D'AMENDE

Malandrin de campagne et terreur du pays,
Les poules et les fruits sont pour toi bonne prise ;
On te pince à la fin. Chez toi l'on verbalise.
On attend le procès, le jugement est pris :
Quelques francs à payer et la loi de sursis.
Tu pourras satisfaire encor ta gourmandise.
    Les menaces, les coups, le vol quotidien,
        La peine toujours est légère.
        Seize francs, ma foi, c'est pour rien,
        Au taux du jour, c'est à refaire !

On insulte un gendarme, un homme haut placé,
Quoique légèrement, c'est une grave affaire.
Il en est autrement si c'est un pauvre hère !
Bafoué tous les jours, souvent terrorisé,
On lui répond narquois : vous n'êtes pas blessé?
Pour l'insulte la loi se montre débonnaire.
    Les menaces, les coups, le vol quotidien,
        La peine toujours est légère.
        Seize francs, ma foi, c'est pour rien,
        Au taux du jour, c'est à refaire !

Une indulgence absurde épargne les gredins
De plus en plus nombreux, par manque d'énergie.
Au détriment des bons, on protège la lie ;
Ainsi des chapardeurs deviennent des coquins.
Sévère on est toujours pour les bons citoyens
Et pour les criminels, c'est la sensiblerie.
 Les menaces, les coups, le vol quotidien,
  La peine toujours est légère.
  Seize francs, ma foi, c'est pour rien,
  Au taux du jour, c'est à refaire !

REPOS DOMINICAL

On veut m'abrutir à la messe,
Et mon travail, qui le fera?
Dimanche aussi l'on mangera;
Je n'ai que mes bras, pas d'encaisse.
Prêcher le repos général,
C'est de la pure hypocrisie.
Ce jour-là les uns font la vie,
Pour eux les autres ont le mal.
   Dimanche tu ne dois rien faire,
     Même à ta volonté,
     Excepté ta prière.
     Vive la liberté!

Dimanche on n'est jamais malade.
Les pharmaciens n'ouvrent pas,
Vendent des pois à la façade;
Un seul reste ouvert dans le tas.
Il faut courir au loin, hélas!
La mort vient pendant la ballade.
Tout est fermé chez les potards,
Les cafés sont pleins de soulards.
   Dimanche tu ne dois rien faire,
     Même à ta volonté,
     Excepté ta prière.
     Vive la liberté!

Ma femme, douze heures s'esquinte
Le dimanche et, sans lambiner.
M'est-il possible de flâner,
Quand elle travaille sans plainte?
J'ai peu d'argent, beaucoup d'enfants,
C'est mon droit d'ouvrir la boutique
Et d'aller servir la pratique.
Allons, la paix, tas de feignants !
　　Dimanche tu ne dois rien faire,
　　　　Même à ta volonté,
　　　　Excepté ta prière.
　　　　Vive la liberté !

Par le besoin, la circonstance,
On a le droit de travailler ;
C'est un crime de vous troubler
Sous prétexte de concurrence,
Et contraire à tout intérêt.
Prenez le repos nécessaire,
Et l'imposer est arbitraire.
Aux travailleurs foutez la paix !
　　Dimanche tu ne dois rien faire,
　　　　Même à ta volonté,
　　　　Excepté ta prière.
　　　　Vive la liberté !

LA VIE CHÈRE

On ne s'attendrit pas sur tous les pauvres vieux,
Minuscules rentiers, victimes d'après-guerre.
On ne les aide pas. Sans secours du salaire,
Augmentant tous les jours, les impôts sont pour eux.
L'Etat leur a tout pris pour la grande défense,
Ne leur a rien rendu. Partout l'indemnité
Règne bêtement, sauf chez ces déshérités
Toujours le ventre creux, à l'entour d'abondance.
    Plus d'or, on n'a que du papier.
    Le franc, très bas, chante misère.
    Les prix des marchands, au contraire,
    Ne font que se multiplier :
      Ce que la vie est chère !

Cette hausse effrénée est douce aux commerçants.
A bon prix ils ont eu toute leur marchandise,
La démarquent souvent, la vendent à leur guise :
Ils deviennent bientôt riches à nos dépens.
Si, par hasard, le franc, en se trompant, remonte,
C'est bientôt, disent-ils, le chômage assuré,
Le commerce perdu, le client éclairé.
Comment alors voler ? La hausse est une honte !

> Plus d'or, on n'a que du papier.
> Le franc, très bas, chante misère.
> Les prix des marchands, au contraire,
> Ne font que se multiplier :
> Ce que la vie est chère !

Ce qu'on pouvait prévoir de la baisse du franc
Fut de loin dépassé. La triste politique,
Tuant la confiance, amena la panique.
On courait à l'abîme, on cachait son argent.
Les étrangers riaient, en profitaient quand même.
On laissait tout sortir, ils achetaient pour rien,
Venaient chez nous bafrer, s'en arrangeaient fort bien.
Et pendant ce temps-là, nous faisions carême.
> Plus d'or, on n'a que du papier.
> Le franc, très bas, chante misère.
> Les prix des marchands, au contraire,
> Ne font que se multiplier :
> Ce que la vie est chère !

Enfin Poincaré fut, il était temps, grands dieux !
Tout était gaspillé, plus que trois sous en caisse...
L'espérance revint, on pourrait vivre à l'aise.
Mais il ne faudrait pas que les tendancieux
Arrêtent notre hausse et que l'on stabilise ;
C'est le consommateur qu'on devrait contenter.

Le franc était parti, pourquoi donc l'arrêter ?
Hausse lente et constante est la seule devise.
    Plus d'or, on n'a que du papier.
    Le franc, très bas, chante misère.
    Les prix des marchands, au contraire,
    Ne font que se multiplier :
      Ce que la vie est chère !

SANS BONNE !

J'ai perdu ma Françoise ; elle était cuisinière,
Ma bonne en même temps. Dans un énervement
Je l'ai mise à la porte et je ne sais rien faire.
Tout est nouveau pour moi, trop compliqué vraiment.
Le désordre est partout, de même la poussière ;
On est sans feu toujours, on mange au restaurant.
Quand mon mari déçu s'endort, tout en ronflant,
Je vois l'avenir sombre et je fais ma prière :
  Grand saint des saints, bon saint Placeur,
  Je t'invoque, tout m'abandonne ;
  Trouve-m'en une à la hauteur,
    Je suis sans bonne !

C'est un oiseau très rare, il ne veut plus chanter.
J'ai bien fouillé Paris, j'ai parcouru la France,
J'ai promis les prix forts, sans aucune exigence,
J'ai même supplié, sans pouvoir y compter.
Toutes auraient voulu bouleverser ma vie.
L'une aimait mon mari, l'autre c'était mon bien ;
Pour elles le confort, et pour moi, moins que rien.
Je vais chercher plus loin, peut-être qu'en Asie...
  Grand saint des saints, bon saint Placeur,
  Je t'invoque, tout m'abandonne ;
  Trouve-m'en une à la hauteur,
    Je suis sans bonne !

J'ai vu les continents, la mer dans sa fureur,
Subi le mal de mer et le monde barbare,
Je me suis rebutée à chercher l'oiseau rare.
De retour, pour m'aider, je fis venir ma sœur ;
Mais peut-on bien compter sur la femme coquette ?
Il fallut la servir, c'était moi Cendrillon.
Ma sœur et mon mari chantaient même chanson ;
Je restais au logis quand ils faisaient la fête.

> Grand saint des saints, bon saint Placeur,
> Je t'invoque, tout m'abandonne ;
> Trouve-m'en une à la hauteur,
> Je suis sans bonne !

Mon grand saint favori va m'exaucer enfin.
Je suis tout anxieuse et dans l'attente ; on sonne...
C'est elle, la voici, c'est ma future bonne.
Mais non, ce n'est pas elle. Un nègre herculéen
Se présente à mes yeux, des références donne :
Moi bon cirer plancher et bon faire nounou,
Moi bon masser madame et câliner itou.
Le sort en est jeté, je le prends comme bonne !

> Enfin la guigne m'abandonne ;
> Grand saint des saints, bon saint Placeur,
> Merci de ta grande faveur :
> Je possède une bonne !

ALLONS, LES BRAVES GENS !

Comment vous appeler, sinon masse d'esclaves,
Vous les honnêtes gens, vrai troupeau de moutons,
Bêlant sans protester, qu'à grands coups de bâton
On mène à l'abattoir. Vous croyez-vous donc braves ?
C'est veules qu'il faut dire, et cela dans tous temps.
Vous vous laissez mener, en fuyant la bataille,
Par les puissants du jour et la pire canaille.
Vous êtes les sensés et le nombre pourtant.
Masse d'honnêtes gens, masse faible et crédule
Qu'on exploite toujours, en révolte, il est temps.
Sus aux brigands d'en haut, à la basse crapule.
Unis, c'est le triomphe. Allons, les braves gens !

On abuse des gens qu'on sait ne pouvoir craindre.
On s'empare aisément des biens non défendus.
Le vice est triomphant devant irrésolus.
Il faut agir enfin et non toujours se plaindre.
Ainsi que la fourmi vous économisez
Cette épargne, pourquoi ? C'est un vol manifeste
Au feignant qui n'a rien. Contre vous il proteste,
Il exige pour lui la part que vous placez.
Masse d'honnêtes gens, masse faible et crédule
Qu'on exploite toujours, en révolte, il est temps.
Sus aux brigands d'en haut, à la basse crapule.
Unis, c'est le triomphe. Allons, les braves gens !

Vous avez contre vous la puissante séquelle
Des gens dits arrivés, sans scrupule, véreux,
Qui gardent le pouvoir. Ils s'entendent entre eux
Pour dominer partout, vous tenir en tutelle.
Ils façonnent des lois qu'il vous faut accepter.
Sans la conviction ils font de l'utopie,
Flattent la basse plèbe, en recherchent la lie
Qui vous maîtrise, vous qui n'allez pas voter !
Masse d'honnêtes gens, masse faible et crédule
Qu'on exploite toujours, en révolte, il est temps.
Sus aux brigands d'en haut, à la basse crapule.
Unis, c'est le triomphe. Allons, les braves gens !

Haut les cœurs, braves gens, votre force morale,
Jointe au sens juste et droit, qui toujours aboutit,
Vous fera réussir dans l'immense conflit.
Le voulant, vous aurez la victoire finale.
L'ordure, en un torrent, ira trouver la mer.
Le pays assaini vibrera d'allégresse,
Vous vivrez fièrement, sans rien qui vous rabaisse,
Donnant le droit de vie à ce qui vous est cher.
Masse d'honnêtes gens, masse faible et crédule
Qu'on exploite toujours, en révolte, il est temps.
Sus aux brigands d'en haut, à la basse crapule.
Unis, c'est le triomphe. Allons, les braves gens !

CE QUE JE DÉSIRE

Mon cœur à mon esprit lui dit ce qu'il désire,
Cela semble impossible en ce temps tourmenté :
Tranquillité de vie et sa simplicité,
Des plaisirs élevés et pouvoir me suffire,
En dehors du commun, des tristes passions.
Ce que vous demandez est vraiment impossible.
Dans la fièvre du jour, peut-on être paisible?
Subissez votre époque et ses contagions.
  Vous êtes un siècle en arrière,
  C'est dangereux de l'avouer.
  Avec vos goûts pas ordinaires,
   Vous vous feriez bafouer.

Je voudrais voir partout l'ancienne politesse,
Celle faite d'esprit des gens bien élevés,
Le respect des enfants, des amis éprouvés,
Et de nobles élans secouant la jeunesse.
Vous divaguez, mon cher, la belle égalité
Fait les enfants égaux de ces messieurs leurs pères.
Les gens bien éduqués sont-ils tous prolétaires?
Et les vrais bons amis n'ont jamais existé.

Vous êtes un siècle en arrière,
C'est dangereux de l'avouer.
Avec vos goûts pas ordinaires,
Vous vous feriez bafouer.

On voudrait au commerce et dans toute industrie
De bons associés servant bien leurs clients,
A la Chambre, au Sénat, de fiers représentants,
Convaincus de toujours, défendant la patrie.
Elle n'existe plus, vous retardez encor ;
Son règne est terminé. Ce qu'on veut satisfaire
C'est l'appétit du jour, le seul dieu qu'on révère,
Qui nous domine tous, c'est le grand dieu veau d'or.
Vous êtes un siècle en arrière,
C'est dangereux de l'avouer.
Avec vos goûts pas ordinaires,
Vous vous feriez bafouer.

J'aime à la voir passer, si simple et si gentille
Dans ses simples atours, le teint tout de fraîcheur.
Elle ignore le fard, ses yeux ont la couleur
Du ciel, sa pureté, c'est bien la jeune fille.
Pauvre vieux, tu n'es pas à la page à présent.
Le charme naturel n'est rien pour fille d'Eve :
Il faut bien s'écourter dans l'existence brève ;
Tout tend à s'amoindrir, les mœurs, les vêtements.

Vous êtes un siècle en arrière,
C'est dangereux de l'avouer.
Avec vos goûts pas ordinaires,
Vous vous feriez bafouer.

Je voudrais bien trouver un doux coin de verdure
Pour avoir le repos de l'esprit et du cœur.
Par les champs, par les bois, je m'en irais rêveur,
Tout seul avec moi-même en la belle nature.
Egoïste, on saura bientôt votre bonheur,
On voudra partager. La chère solitude
Sera prise d'assaut par une multitude
De cousins encombrants et de bruyante humeur.
Vous êtes un siècle en arrière,
C'est dangereux de l'avouer.
Avec vos goûts pas ordinaires,
Vous vous feriez bafouer.

LES CHARMES DU VOYAGE

C'est charmant le voyage ; en troisième on s'entasse
Au milieu des paquets, des chapeaux baladeurs.
C'est le froid, c'est trop chaud, et la parfaite odeur.
Des pieds d'enfants grognons débordent votre place.
A côté, c'est gratis, dans la première classe ;
On donne la seconde en billets de faveur
A tous les cheminots, à leur famille entière.
Et nous devons payer pour laisser s'allonger
Nos chers représentants d'humeur peu casanière.
   J'en ai marre de voyager !

A l'hôtel une chambre, avec confort moderne,
Se paye au poids de l'or, l'eau chaude au prix du vin.
L'escalier imposant, sa superbe lanterne,
La salle à grands décors promettent un festin.
On en déchantera. Pour six prix d'avant-guerre
On donne six fois moins et l'on crève de faim.
Pas de boisson, de l'eau, liquide salutaire.
L'omnibus, tous les frais, on sait vous soulager.
Si le total est grand, c'est le merci sommaire.
   J'en ai marre de voyager !

Nous sommes écorchés, durant tout le voyage.
La taxe de séjour, véritable fléau,
Nous poursuit à la mer, à la station d'eau.
Sur notre sol natal c'est l'odieux péage,
Nous atteignant partout, si l'on veut se loger
Dans un coin du pays qui nous est agréable.
On n'est plus un Français, mais matière imposable.
Taxes d'hôtels, de bains, taxes pour se purger
Gâtent notre séjour ; on fuit l'indésirable.
      J'en ai marre de voyager !

Les voyez-vous en tas, gâtant le paysage ?
Ce sont des étrangers, prônant en autocars.
Vraiment ils sont figés, leurs gueules sont à part.
Ils accaparent tout, le long de leur passage,
Même le sol, avec leurs livres, leurs dollars.
De la guerre commune ils réclament la dette
Alors qu'ils sont sans crainte et que la paix est faite.
Votre argent, maintenant qu'est passé le danger ?
Ils sont chez eux chez nous, par la forte galette.
      J'en ai marre de voyager !

LES PETITS COCHONS ROSES

Bienfaiteurs de l'humanité,
Notre rapport est magnifique,
Comme le renard argenté !
Nous ne faisons pas d'politique,
Mais l'élevage du cochon,
Garanti saucisse et jambon.
Pour gagner, on fait bien des choses.
  Allons,
Qui veut élever des cochons,
  Tout roses ?

Notre domaine est épatant,
On peut le voir sur notre affiche,
Et votre élève, en s'engraissant,
En peu de temps vous fera riche.
Mais n'ayez pas qu'un seul enfant,
Donnez pour d'autres hardiment.
Pour gagner, on fait bien des choses.
  Allons,
Qui veut élever des cochons,
  Tout roses ?

Dépêchez-vous, c'est un chopin,
Et profitez de votre veine,
Rien ne sera vendu demain :
Le cochon, c'est le bas de laine.
Apportez tous votre pognon,
C'est l'épargne dans la maison.
Pour gagner, on fait bien des choses.
        Allons,
Qui veut élever des cochons,
        Tout roses ?

C'est un vrai régal de gourmand,
C'est l'excellente friandise ;
On les donne à belle-maman,
En l'embrassant à sa promise.
Ils s'offrent comme des bonbons
Les satinés petits cochons.
Pour gagner, on fait bien des choses.
        Allons,
Qui veut élever des cochons,
        Tout roses ?

On ne pouvait plus les loger
Faute de granges spacieuses.
Alors on les fit s'allonger,
Inscrits sur des pages nombreuses.

Mais ils arrivaient tant et tant
Qu'ils ne purent tenir dedans.
Pour gagner, on fait bien des choses.
Allons,
Evaporés, sacrés cochons,
Tout roses !

AU CABANON

Que de fous au dehors! Les yeux hors de la tête,
A la Bourse, ils font peur, criant, gesticulant.
D'autres, l'air idiot, réclament en hurlant,
Pauvres réamorcés, les gogos de Rochette.
Que dire des joueurs fréquentant Monaco?
Leur allure s'égare et frise la folie;
Rien ne compte pour eux que leur triste manie;
Ils ont tous un fétiche, un cochon dans le dos!
Dans des cages de fer les singes se démènent.
A l'Institut de France, ainsi qu'au Panthéon,
Les sages sont bouclés, mais les fous se promènent,
       Enfermez-les au cabanon,
           A Charenton!

D'autres, pas enfermés, ont la timbromanie,
Cela n'est rien encor; le collectionneur
Aime élever son art dans toute son ampleur,
Sa rage de chercher n'est jamais assouvie.
Il se pâme de joie en trouvant des boutons
Tirés des pantalons que portaient nos grands-pères,
Des vieux clous, des débris, des loques étrangères,
Et, pour le genre humain, son effort est fécond...
Dans des cages de fer les singes se démènent.

A l'Institut de France, ainsi qu'au Panthéon,
Les sages sont bouclés, mais les fous se promènent,
        Enfermez-les au cabanon,
            A Charenton !

A-t-elle l'esprit sain, la grosse débordée
Qui va dodelinant en montrant son bedon
Dans sa jupe trop courte ? Elle a de hauts talons,
S'écrasant sous son poids et, grimace, fardée.
Et le vieux beau coquet qui se croit un coureur,
Qui ne peut plus marcher, qui tous les jours se ride ?
Il s'en va comme un fou dans son habit stupide,
Tout fleuri, tout frisé, le gilet bien en cœur.
Dans des cages de fer les singes se démènent.
A l'Institut de France, ainsi qu'au Panthéon,
Les sages sont bouclés, mais les fous se promènent,
        Enfermez-les au cabanon,
            A Charenton !

Orateur des bas-fonds, voyez l'énergumène
Qui déverse en public son bagout odieux.
Sans aucun sens moral, c'est un fou dangereux,
Et le vil intérêt presque toujours le mène ;
A l'entendre parler on dirait un dément.
Il blasphème sur tout, sur un ton emphatique ;
Il prend le contre-pied de ce qu'on sait logique.
Tout aussi fous que lui sont ceux l'applaudissant.

Dans des cages de fer les singes se démènent.
A l'Institut de France, ainsi qu'au Panthéon,
Les sages sont bouclés, mais les fous se promènent,
        Enfermez-les au cabanon,
            A Charenton !

Salon d'incohérents, salon de la folie,
Tu montres des tableaux conçus par des gagas.
Des murs blancs sont des corps, des arcs-boutants des
Sans ailes, un pigeon, une Vierge Marie   :   [bras.
C'est chaos de l'idée et chaos des couleurs.
Détourne ton regard, ô sublime harmonie,
Ces rapins liquescents se croient-ils du génie ?
Ils se moquent de nous mais ont des acheteurs.
Dans des cages de fer les singes se démènent.
A l'Institut de France, ainsi qu'au Panthéon,
Les sages sont bouclés, mais les fous se promènent,
        Enfermez-les au cabanon,
            A Charenton !

LE SUFFRAGE UNIVERSEL

Base de notre Etat, suffrage populaire,
Créateur du pouvoir, es-tu bien conscient
De ta tâche à remplir, de ton rôle important?
Mais ce droit de chacun peut-il nous satisfaire?
Ignorant, incompris, même déficitaire,
C'est le vote imbécile et parfois criminel.
Par la corruption et le désir cupide,
Vers le bas intérêt, bien souvent, il se guide.
    Par la majorité ou proportionnel,
C'est le suffrage absurde et dit universel!

Pour qui dois-tu voter, vieil ivrogne stupide,
Tu n'en sais ma foi rien, réfléchir à quoi bon?
On saura bien noyer ton reste de raison.
Le verre électoral, toujours plein, toujours vide,
Aux reflets chatoyants, est là qui te décide.
L'ignorant est trompé par une autre chanson.
On se sert des moyens même les plus coupables.
Si les forts font défaut, on a les incapables.
    Par la majorité ou proportionnel,
C'est le suffrage absurde et dit universel!

Esprit faux, songe creux, dévoyé de la vie
Qui ne sais te conduire en aucune façon,
Pour qui voteras-tu, suppôt de Charenton?
Tu n'as le sens de rien, tu fréquentes la lie,
Et tu veux propager la complète anarchie.
Tu sais parler très fort, menacer, faire appel
Aux plus mauvais instincts, sans le moindre scrupule.
Souvent tu réussis sur le monde crédule.
        Par la majorité ou proportionnel,
C'est le suffrage absurde et dit universel !

Et vous les gens tarés, à large conscience,
Côtoyant la prison, évitant d'y loger,
Détenteurs de sursis, chéris par Bérenger,
Vous êtes électeurs, on vous fait confiance.
Vous saurez bien choisir à votre ressemblance :
Trouver des protecteurs, c'est assez naturel ;
Les lois seront pour vous confites en promesses
Et sauront ménager vos petites faiblesses.
        Par la majorité ou proportionnel,
C'est le suffrage absurde et dit universel !

Nouveau riche vantard, la panse rebondie,
Des bagues pleins les doigts, l'air rogue et compassé,
Tous moyens te sont bons. Sans morale, rusé,
Au détriment d'autrui tu sais mener ta vie.

Déplorable électeur, énorme est ton envie
D'être à ton tour élu, c'est plus substantiel.
Tout système honteux, l'or, rien ne se ménage,
Et souvent on te nomme, à notre grand dommage.
    Par la majorité ou proportionnel,
C'est le suffrage absurde et dit universel !

LE SYNDICAT OPPRESSEUR

Travailler librement, sans entrave arbitraire,
Est un droit absolu. Les syndicats lutteurs
Protègent justement les intérêts des leurs,
Mais ils sont odieux, en faisant le contraire
Avec le travailleur qui leur est étranger.
C'est d'un esprit mesquin, de pure tyrannie :
On doit pouvoir lutter pour assurer sa vie,
C'est l'inflexible loi, pour vivre il faut manger.
    Du travail aux syndicataires ;
    Pour les non-syndiqués, basta,
      Il leur fait des misères,
        Le syndicat.

Nous n'adorons pas tous le dieu du communisme ;
Chacun suit son idée, au besoin la défend.
Tu n'es pas camarade, on te dit militant.
On te le fait bien voir, et dans son ostracisme
Le syndicat se dresse, impose son veto.
Par intérêt, par peur, partout on te jugule,
Tu te sais surveillé par l'immonde cellule
Et tu crèves de faim sans trouver de boulot.
    Du travail aux syndicataires ;
    Pour les non-syndiqués, basta,
      Il leur fait des misères,
        Le syndicat.

Si, pourtant, s'éveillait la pleutre bourgeoisie,
Combattait pour sa classe et triomphait un jour,
Syndicats oppresseurs ce serait votre tour
D'avoir peur, de trembler pour toute l'anarchie.
Ne vous rendrait-on pas les coups donnés par vous ?
Auriez-vous du travail, du pain à votre guise ?
Mais oui, certainement. Devant votre bêtise
On serait désarmé. La pitié pour les fous !
        Du travail aux syndicataires
        Et pour les autres travailleurs.
            Il ne faut jamais faire
                D'accapareurs.

LA CHANSON DU BOCHE

(Extrait de « Sœur Louise ».)

Ame tendre, esprit vaporeux,
Perdu d'idéal dans les cieux ;
Faire salement la bamboche,
Engloutir le porc, la bidoche,
S'emplir de bière jusqu'aux yeux,
Puis, bien plein, ronfler gracieux :
  C'est la chanson du boche,
  C'est la chanson du boche !

Tels les rats se multiplier,
Sans un regret s'expatrier,
Et tous les ans faire un mioche
Avec toujours même caboche,
L'estampille de l'Allemand
Qui s'exporte facilement :
  C'est la chanson du boche,
  C'est la chanson du boche !

Brimer les femmes, les enfants,
Violer, dévaster les champs,
Faire tout fuir à son approche,
Piller et remplir sa sacoche,
N'avoir aucun bon sentiment
Et se conduire en sacripant :
Piller et remplir sa sacoche,
    C'est la chanson du boche !

Tout petit se voir colossal,
Rêver un triomphe total
Et recevoir une taloche
Que dans la guerre on lui décoche ;
Etant très fort, plus qu'odieux,
Dans la débâcle très piteux :
    C'est la chanson du boche,
    C'est la chanson du boche !

MERCANTIS

Quelle mentalité chez nous après la guerre !
C'est un esprit de lucre avec le grand désir
D'acquérir la richesse en un temps très sommaire.
Qu'importent les moyens, il faut d'abord jouir.
Se voler entre nous est presque une science.
Il en est de très forts surnommés mercantis,
Souvent des étrangers qui sont tous enrichis :
Comme une vache à lait, ils exploitent la France.

> Tas de saligauds, d'enrichis,
> Par votre brigandage
> Vous pressurez tout le pays,
> Et l'Etat vous ménage.
> A la lanterne, mercantis !

Ils accaparent tout, gardent la marchandise
Le temps suffisant pour qu'elle puisse monter,
La sortent quand il faut, la vendent à leur guise.
Ils affament d'abord pour mieux agioter.
Ils s'entendent entre eux pour empêcher la baisse
Et nous font acheter à des prix scandaleux
L'effort du producteur, sans aucun mal pour eux.
L'épargne du pays s'engouffre dans leur caisse.

Tas de saligauds, d'enrichis,
Par votre brigandage
Vous pressurez tout le pays,
Et l'Etat vous ménage.
A la lanterne, mercantis!

Avec leurs pots de vin ils sont une puissance.
On connaît leurs méfaits, mais on ferme les yeux.
Si le public s'émeut d'actes trop frauduleux
On les juge, il est vrai, mais avec complaisance.
Soit d'en haut, soit d'en bas, les affreux mercantis
Font des transactions qu'il ne faut plus permettre.
Nous devons réagir contre tous ces bandits
Vivant à nos dépens, les faire disparaître.

Tas de saligauds, d'enrichis,
Par votre brigandage
Vous pressurez tout le pays,
Et l'Etat vous ménage.
A la lanterne, mercantis!

LA LIBERTÉ

Il existe dans l'homme un fond de tyrannie.
Au juste, sait-on bien ce qu'est la liberté?
L'Etat qui la proclame encercle notre vie
Dans l'inquisition, l'abus d'autorité.
Il sait notre commerce, il voit notre industrie,
Viole nos secrets et, par suite, nous tient.
Nos enfants sont à lui, de même notre bien.
Arbitraire, l'impôt sur nous se multiplie.
On ne peut pas loger dans sa propriété!
Répétons tous en chœur : c'est ça la liberté!

Votre serment civique amène le fou rire.
Peut-on croire vraiment qu'un libre individu
Vous dira bêtement ce qu'il ne veut pas dire?
Vous pouvez menacer, c'est du temps de perdu.
Il n'acceptera pas la dure alternative
Entre ce qu'il veut taire et l'abus du pouvoir.
Divulguer ce qu'on pense est loin d'être un devoir;
Le serment arraché n'a que valeur fictive,
Croire qu'il est sincère est une insanité.
Répétons tous en chœur : c'est ça la liberté!

Camelots chers au roi, munis de vos matraques,
Vous représentez bien la mauvaise action,
Pas française du tout, mais celle de vrais braques
Voulant remettre à neuf un trop vieux pavillon.
Pour avoir de l'argent, vous faites la retape.
Ce que vous promettez a de quoi nous griser :
L'esclavage d'antan, à nos droits renoncer.
On a soupé de vous et, nous tous, jusqu'au Pape,
Nous l'avons dans le nez, votre Sa Majesté !
Répétons tous en chœur : c'est ça la liberté !

Devons-nous tolérer la menace anarchiste,
Nous, masse de l'épargne obtenue au travail ?
Verrons-nous le grand soir venir à l'improviste
Ruiner nos espoirs dans un épouvantail ?
Céderas-tu, bon sens, à la bêtise humaine ?
Les feignants auront-ils le droit de nous saigner ?
Verra-t-on des suspects et la terreur régner,
Tous les gens sans aveu venant souffler la haine
Et puis nous massacrer au nom d'égalité ?
Répétons tous en chœur : c'est ça la liberté !

Le curé sait vouloir, il est surtout tenace
Et vient donner à point les derniers sacrements ;
Il sait se faufiler alors que la mort passe.
Les gens dans le coma sont très accommodants.
Malgré les volontés, il brave la défense,

Il a pour arriver des moyens variés,
Intéresse la bonne et fait des alliés.
L'épouse est avec lui souvent de connivence.
Le mourant se trouve oint sans être consulté.
Répétons tous en chœur : c'est ça la liberté !

On voit par ma chanson que cette tyrannie
Nous suit pendant la vie et jusque dans la mort.
Alors la liberté n'est bien qu'en effigie !
Où conduire ma barque et dans quel heureux port
Pourrais-je enfin trouver tout au moins l'apparence
De la tranquillité, sans Cachin, sans Daudet,
Sans tracas de l'Etat, sans serment indiscret ?
Où pourrais-je mourir, sans aucune influence,
Avec les miens, tout seul, sans être tourmenté ?
Ce jour-là je dirai : c'est bien la liberté !

MACARONI

Dans le pays superlatif
Il est super impératif.
On l'adore comme une idole.
Il tape dur en son chenil ;
Ce n'est pas une pâte molle
Quoiqu'il ait nom macaroni.
Tout seul il est un monopole
Et son génie est infini.
Monstrueux en son envergure,
Phénomène de la nature,
Il est sublime, il est trop grand :
    On dirait le Mont Blanc !

Il peut avaler le Vésuve
Et même toute liberté.
Son cerveau bout, est une étuve,
Au-dessus de l'humanité.
L'acte suit toujours la parole
Chez son peuple plus que soumis.

Mais bien souvent il fait école;
Devant les forts est indécis.
Monstrueux en son envergure,
Phénomène de la nature,
Il est sublime, il est trop grand :
		On dirait le Mont Blanc !

Comment nommera-t-on la cîme,
Pointant chez nous, du mont puissant?
Poincaré, naturellement,
Et ce choix serait unanime.
De haut il domine l'abîme
Où s'étale l'autre versant.
La mentalité, le régime,
Tout en France est différent.
Le pic, dans sa cîme neigeuse
Rit de la réclame pompeuse.
Pour nous, qui concevons le grand,
		C'est toujours le Mont Blanc !

LA SOCIÉTÉ DES NATIONS

Vous dont le cœur vibrant domine la raison,
Partisans de la paix, esprits humanitaires,
Qui pensez supprimer les luttes légendaires,
Devant vous je m'incline et pourtant je dis non,
Non ce n'est pas possible, il faut savoir le dire :
Malgré la grande horreur que toute guerre inspire,
Comme d'autres fléaux, on ne peut l'éviter.
La lutte est naturelle et domine la vie ;
Elle est de tous les temps et se montre infinie.
Bien qu'en la déplorant, il faut la supporter.
L'élément quel qu'il soit à d'autres est contraire,
C'est la lutte forcée et c'est toujours la guerre !

Dans la paix, la richesse, un peuple était heureux,
Quant tout à coup survint un tremblement de terre.
Les éléments entre eux se déclaraient la guerre.
Le fléau grandissait, se montrait désastreux,
Sauf dans une province à peu près protégée.
Elle fut envahie à son tour, saccagée
Par tous les rescapés que torturait la faim.
Les loups furent plus forts. Ce fut la paix nouvelle ;

La famine causa la lutte fraternelle.
Pourquoi surviendra-t-elle en l'avenir prochain ?
L'élément quel qu'il soit à d'autres est contraire,
C'est la lutte forcée et c'est toujours la guerre !

Chantons la joie au cœur, chantons l'alleluia :
Un brillant avenir sur le monde se lève !
La guerre est supprimée est l'ordre de Genève.
Beaux de conviction, les délégués sont là.
Ils ont tout décidé, le canon doit se taire.
Mais pendant les décrets tourne et tourne la terre.
Les faits vont aussi, par suite d'incidents
Qu'on ne peut pas prévoir. La guerre se dessine ;
La révolte autre part, se soulève la Chine.
Discourez, décrétez, les faits sont seuls probants.
L'élément quel qu'il soit à d'autres est contraire,
C'est la lutte forcée et c'est toujours la guerre !

Dieu ! que se passe-t-il dans le temple sacré,
L'asile de la paix de toutes les puissances ?
Autant de délégués, autant de divergences.
On s'insulte, on se bat, on est exaspéré !
Les doux représentants sont devenus féroces,
Se massacrent entre eux, dans des combats atroces.
Briand, les bras croisés, placide et l'air câlin,
Par derrière est frappé. Quelle triste tuerie !

Pas un n'en réchappa, la guerre était finie,
Et de la S. D. N. ce fut la triste fin !
L'élément quel qu'il soit à d'autres est contraire,
C'est la lutte forcée et c'est toujours la guerre !

Dans l'univers entier on en fut stupéfait :
Morts les représentants, morte la grande cause.
C'est l'oubli maintenant, on parle d'autre chose,
Simple à réaliser et le bonheur parfait :
Faire l'égalité, supprimer la misère.
On conférencera : dans un mois la première.
Le malheureux Briand, retour de l'étranger,
Tout droit au Panthéon fut conduit dans la gloire.
C'était un bon garçon, mais peut-être un peu poire.
Que le dôme pour lui soit tout à fait léger.
L'élément quel qu'il soit à d'autres est contraire,
C'est la lutte forcée et c'est toujours la guerre !

JE M'AMUSE

Bien égal de santé, je suis de belle humeur.
Je me ris volontiers de la grandiloquence,
Des parvenus verbeux, de la fausse importance.
Sachons rire ici-bas, c'est bien notre meilleur.
Devant la gravité, quand surtout elle abuse :
      J'ai de bons moments... je m'amuse !

De tous les candidats pour les élections,
Que d'affiches aux murs, je n'en passe pas une.
Ils sont vraiment gentils, ils promettent la lune
Et répondent sans rire à bien des questions.
C'est un régal de mots, on s'attaque, on s'accuse :
      J'ai de bons moments... je m'amuse !

A voir Léon Daudet, le madré policier,
Détenteur de secrets dont souvent il profite,
Se croire seul lettré, dans sa langue insolite,
Déverser sa morale, immoral romancier,
Vouloir tout renverser, se disant justicier :
      J'ai de bons moments... je m'amuse !

Dans les graves banquets je mène ma gaîté.
On est tous compliments, au milieu du bien-être.
Un artiste quelconque est consacré cher maître ;
Le représentant louche, éminent député.
La vérité se cache ici, c'est une intruse :
       J'ai de bons moments... je m'amuse !

Sans l'absurde dessin, des taches de couleur,
J'aime à voir aux Salons la nouvelle peinture ;
Je suis tous les ébats de la littérature.
Je comprends Valéry, j'en suis admirateur :
C'est le grand immortel fait cocu par la Muse.
       J'ai de bons moments... je m'amuse !

LA MAIN SALE

Gens tarés de toujours, à la douteuse allure,
Ramassis de brigands, parvenus, grands seigneurs,
Votre âme n'est que boue, embourbée aux noirceurs.
Un fleuve y passerait sans laver la souillure.
Vous faites, tout-puissants, une grande figure ;
Vous pourrissez le monde en flétrissant les cœurs,
Vous gagnez en volant l'argent et les honneurs,
Sans honte et sans remords, et tout vient de l'ordure.
        On arrive ici-bas, selon
        Que l'on a l'âme assez vénale,
            Le bras très long
            Et la main sale !

Sa vie s'est écoulée en de honteux moyens,
C'est un vieux sacripant, un homme d'un grand âge.
Sur le malheur d'autrui se sont accrus ses biens.
Cousu d'or, il habite au château du village ;
Très bas on le salue et partout on le craint :
Le préfet en a peur, le curé le ménage,
Le maire lui sourit, c'est un vrai souverain.
Son influence est grande en tout le voisinage
        On arrive ici-bas, selon
        Que l'on a l'âme assez vénale,
            Le bras très long
            Et la main sale !

C'est le grand personnage et le parfait gredin.
Ignoble mercanti, profiteur de la guerre;
Il fait monter les prix et renchérir le pain,
Arrive à s'imposer, propage la misère.
De très haut il le prend avec le ministère,
On l'épargne toujours, si parfois on se plaint.
Il sait drainer l'argent, colossal est son gain.
Il a le ruban rouge ornant sa boutonnière!
  On arrive ici-bas, selon
  Que l'on a l'âme assez vénale,
   Le bras très long
   Et la main sale!

Sans aucun sens moral, c'est un parfait noceur.
Ses femmes, ses amis sont de très louche essence.
Familier d'espions, de héros massacreur,
Il fut très haut placé jusqu'à sa déchéance,
Pour haute trahison. Mais c'est sans conséquence,
Ceux qui l'ont condamné ne tiennent plus rigueur,
Ils l'ont pour chef encor, sans lui rendre l'honneur.
Lui, qui sait gaspiller, dirige la finance.
  On arrive ici-bas, selon
  Que l'on a l'âme assez vénale,
   Le bras très long
   Et la main sale!

ÇA, CE N'EST PAS MON FRÈRE!

Il ne désaoule pas à perdre la raison,
C'est un parfait pochard, une vilaine loque,
Abruti par l'alcool, la tournure équivoque.
Son lit est le trottoir qui lui sert de gazon ;
Son haleine est fétide en son exhalaison,
Tout son corps sent mauvais et l'odeur vous suffoque.
    J'aime la solidarité,
    Pas du tout la fraternité.
    Cet être vil qui dégénère,
    Avec moi sans affinités,
    En qui tout est difformités,
    L'esprit, le cœur, les manières :
    Ça, ce n'est pas mon frère !

C'est un autre rebut que le vil souteneur.
Aprement il conduit son trafic misérable ;
Pour son bétail femelle il se montre implacable.
Sans aucun sens moral, c'est un bas jouisseur ;
En combine malpropre il est à la hauteur,
Cultive la coco, les mœurs inavouables.

> J'aime la solidarité,
> Pas du tout la fraternité.
> Cet être vil qui dégénère,
> Avec moi sans affinités,
> En qui tout est difformités,
> L'esprit, le cœur, les manières :
> Ça, ce n'est pas mon frère !

D'appétits les plus bas et le cerveau faussé,
Criant l'égalité, quoique très arriviste,
Bêtement envieux, tel est le bolcheviste.
Tyran dans sa folie, ennemi du sensé,
Il se dit pacifiste, a soif du sang versé
Et du meurtre toujours se fait l'apologiste.

> J'aime la solidarité,
> Pas du tout la fraternité.
> Cet être vil qui dégénère,
> Avec moi sans affinités,
> En qui tout est difformités,
> L'esprit, le cœur, les manières :
> Ça, ce n'est pas mon frère !

Quel horrible assassin, son crime est affolant :
Il souille sans remords une pauvre fillette,
Et dans le fond d'un puits, sans frémir, il la jette
Bien que vivant encor. La malheureuse enfant
Pousse en se débattant des appels déchirants
Alors qu'il mange et boit au bord de la murette.

J'aime la solidarité,
Pas du tout la fraternité.
Cet être vil qui dégénère,
Avec moi sans affinités,
En qui tout est difformités,
L'esprit, le cœur, les manières :
Ça, ce n'est pas mon frère!

Femmes du Jour

VIERGES FOLLES

Météores brillants, la nuit comme le jour,
Notre lueur de joie illumine la terre.
Aux hommes nous donnons les plaisirs de l'amour,
Son charme pénétrant ; nous n'avons rien d'austère.
Parfois on nous méprise, on nous goûte toujours.
Les hommes sont changeants et nous faisons de même.
C'est un plaisir nouveau, chaque fois que l'on aime :
Nous semons la folie et fêtons les beaux jours !
    Vierges folles, filles de joie,
    Nous aimons l'argent, le plaisir.
    En l'aguichant dans son désir,
    L'homme est à nous, c'est notre proie.

Coquettes nous avons, quand il faut nous parer,
Le suprême grand chic. Nous servons de modèles
Aux dames du grand monde et, pour nous comparer,
Nous prenons leurs maris, qui nous aiment mieux qu'elles.
Partout où nous passons nous faisons des heureux.
Les noirs chagrins s'en vont rien qu'à notre présence ;
Nous donnons le bonheur dans la courte existence.
Notre rôle est superbe. A nous, venez, messieurs !
    Vierges folles, filles de joie,
    Nous aimons l'argent, le plaisir.
    En l'aguichant dans son désir,
    L'homme est à nous, c'est notre proie.

Ils sont passés pour nous les temps de la splendeur,
Des bals de l'Opéra, de belle compagnie,
Où l'on savait nocer. Nous faisions fureur ;
C'est le calme à présent, c'est d'hommes pénurie.
La guerre a tout fauché ; plus de moralité :
La veuve a des amants, le garçon son amie.
Toute femme se donne et nous concurrencie,
Hélas ! le temps n'est plus à la fidélité.
     Vierges folles, filles de joie,
     Nous aimons l'argent, le plaisir.
     En l'aguichant dans son désir,
     L'homme est à nous, c'est notre proie.

Mesdames du grand monde, on vous dominera.
Ne cessez d'afficher nos costumes de grues,
Notre allure peu chaste, le fard, et cœtera.
Quant à nous, pour changer, nous serons ingénues,
Réservant le mordant pour notre intimité.
Nous ne ferons rien voir pour que l'on nous désire.
Ce que l'on montre trop ne peut plus séduire,
Et c'est un excitant que feinte chasteté.
     Vierges folles, filles de joie,
     Nous aimons l'argent, le plaisir.
     En l'aguichant dans son désir,
     L'homme est à nous, c'est notre proie.

LA DIVORCÉE

Après notre querelle, il fallut divorcer,
Je reste libre, jeune et pourtant toujours sage.
C'est triste et je voudrais pouvoir recommencer,
Le divorce, non pas, mais gentil mariage.
Mon cœur était en panne, il reprend son essor.
Mon teint a plus d'éclat, mais yeux sont en lumière ;
J'ai réserve d'aimer à rester solitaire.
Il me faut de l'amour et de l'amour encor.
Je cherche un petit homme et n'en suis pas blasée :
    Je suis la divorcée !

Mais je dois réfléchir et tout envisager.
L'homme m'a fait souffrir et ne m'a pas comprise ;
Je suis victime et j'ai l'expérience acquise
A mon grand détriment. Mais pourquoi me venger
Et rendre dent pour dent ? Je ne suis pas coquette,
Pas du tout dépensière et simple en ma toilette !
Je n'use pas de fard, je n'ai pas de béguin,
Je reste seule au monde et sans aucun cousin.
Je cherche un petit homme et n'en suis pas blasée :
    Je suis la divorcée !

Au coin du feu, chez moi, je vis comme un garçon,
Je me mets à mon aise et je parcours Voltaire,
Assise en son fauteuil. L'optimisme a du bon,
J'en ai vraiment besoin. Mais combien je préfère
Les doux propos d'amour de mon divin Musset.
Je ne veux plus revoir mes chères camarades
Qui n'en finissaient pas avec leurs embrassades.
Touchante hypocrisie, après on me lâchait.
Je cherche un petit homme et n'en suis pas blasée :
   Je suis la divorcée !

Le divorce à l'église est loin d'être permis.
Henri IV céda ; moi, je serai sans messe.
C'est mon moindre souci, puisque j'aurai Paris.
Je saurai le quitter pour suivre avec ivresse,
Dans ma lune de miel, mon tyran cajolé,
Mais pas vers le Midi qui fut cause première
Du refroidissement avec mon mari Pierre.
A Nice il glaçait fort, notre amour fut gelé.
Je cherche un petit homme et n'en suis pas blasée :
   Je suis la divorcée !

Je dois vous l'avouer, j'ai le triste défaut
D'être bien peu donnante et ma foi très jalouse.
Un mari sans partage est celui qu'il me faut,
J'en ai vraiment le droit, étant fidèle épouse.

Mes charmes parleront, sauront te retenir ;
Je ne te connais pas, si ce n'est dans mon rêve,
Je t'adore déjà, tu me hantes sans trêve ;
Je t'attends dans mes bras, ne me fais pas languir !
Je cherche un petit homme et n'en suis pas blasée :
Je suis la divorcée !

———

LE PANTALON DES DAMES

Quand la blonde Vénus sortit du fond des eaux,
Emergeant en beauté dans le chant des mouettes,
Elle n'avait pas même une simple liquette.
Le soleil l'admirait, sans gants et sans chapeau.
Dans sa nudité chaste elle avait l'ignorance,
Des laisser-voir voulus, des modes d'indécence.
>   Très joli, très peu long,
>   Il remonte le pantalon,
>   Le pantalon des dames.
>   Sur le corps il entame
>   Et la chemise aussi,
>   Tout autour du nombril.

Mesdames, croyez-vous vos jambes si bien faites
Et vos mollets aussi? Votre robe s'enfuit
Au moindre mouvement. Bien clair, très en vedette,
Plus haut c'est l'entre-deux, la lumière y luit,
Nos yeux en sont blasés. Tout apparaît sans voile
Et, pour dernier rempart, rien qu'une mince toile.
>   Très joli, très peu long,
>   Il remonte le pantalon,
>   Le pantalon des dames.
>   Sur le corps il entame
>   Et la chemise aussi,
>   Tout autour du nombril.

Où sont les fols désirs pour la belle inconnue,
Qu'on aimait autrefois; on cherchait ses appas
Dans l'azur de ses yeux. Une joie ingénue
Vous faisait espérer ce qu'on ne voyait pas.
Dans un sublime essor l'amour ouvrait ses ailes,
A baiser une main, à l'éclat des prunelles.

> Très joli, très peu long,
> Il remonte le pantalon,
> Le pantalon des dames.
> Sur le corps il entame
> Et la chemise aussi,
> Tout autour du nombril.

Aujourd'hui c'est tout autre, et l'amour est bien terne.
On peut encore aimer, mais par comparaison.
On connaît trop la femme, éclairant sa lanterne,
Et qui laisse tout voir sous sa combinaison.
Le désir s'évapore à la jupe écourtée,
La déesse devient une fille ratée.

> Très joli, très peu long,
> Il remonte le pantalon,
> Le pantalon des dames.
> Sur le corps il entame
> Et la chemise aussi,
> Tout autour du nombril.

LES FEMMES DU JOUR

Elles mènent papa, maman,
A là page très incomplète.
Elles n'en font qu'à leur tête
Et s'asseoient sur leur boniment.
En fumant force cigarettes,
Elles ont des flirts tout le temps
Avec Edouard, Pierre ou Jean,
Et cherchent toujours les plus bêtes.
Pratiques dans l'art de l'amour,
Jeunes filles par trop chouettes,
Pour raccommoder les chaussettes,
Les voilà les femmes du jour !

Leurs propos, entre camarades,
D'un pimenté déconcertant,
Feraient rougir une escouade.
Elles vont toujours, se mirant,
Pleines de fard et de pommade.
Soit sur le ring, soit au volant,
La jupe s'écarte aisément
Et fait voir toute l'esplanade !
Pratiques dans l'art de l'amour,
Jeunes filles par trop chouettes,
Pour raccommoder les chaussettes,
Les voilà les femmes du jour !

Faut-il penser au mariage?
Se marier, c'est affolant
Quand on n'a pas de logement,
Bien des désirs, peu de courage.
Quelle misère qu'un ménage
Et quelle guigne qu'un enfant!
On va manger au restaurant,
On fait l'amour sous le feuillage.
Pratiques dans l'art de l'amour,
Jeunes filles par trop chouettes,
Pour raccommoder les chaussettes,
Les voilà les femmes du jour!

Telle fille et telle est la mère,
Qui va toujours s'écourtant
Et qui grimace en se fardant,
Ses gros bras nus, la panse altière.
Sa mentalité terre à terre
Fait le rêve de l'âme absent.
Five o'clock, Louvre, Printemps,
Le dancing et la couturière!
Pratiques dans l'art de l'amour,
Filles et mères trop chouettes,
Pour raccommoder les chaussettes,
Les voilà les femmes du jour!

Chansons de tous temps

ÉVOCATION

———— Grande scène chantée ————

« LA CHANSON »,
DE TOUS GENRES, A TOUTES LES ÉPOQUES

Les Evocateurs :
> L'ÉVOCATEUR.
> CHANTE-MUSE.

L'Evocateur, personnage étrange, éternellement jeune, éternellement beau.

Son savoir est grand, ses facultés de conception et même de prescience déconcertent par leur puissance immédiate. Ajoutez à ces dons sublimes une facilité d'adaptation merveilleuse.

Servi par une intelligence hors ligne et par une activité sans limites, il arrive à tout concevoir dans le passé, le présent et l'avenir.

Il sera le puissant évocateur de la chanson.

Chante-Muse, sa délicieuse compagne, reflète superbement sa pensée. Admirable interprète, elle est sa collaboratrice.

Quoique vieille de bien des siècles, elle est toujours jeune, elle a le même charme, le même entrain, et sa beauté rayonne sur la terre.

L'ÉVOCATION

J'ai pu dépeindre à peu près les metteurs en scène. En ce qui concerne le cadre de l'évocation, il est presque impossible à décrire, et j'aurai du mal à suivre les évocateurs dans leurs nombreuses et imprévues pérégrinations.

Ce cadre est essentiellement mobile et changeant; il voyage, de façon continue, en cascadant d'une époque à une autre, sans conscience du temps et presque toujours sans transitions.

La chanson s'y promène depuis les époques les plus reculées jusqu'à nos jours.

Les sites varient à l'infini et à chaque instant.

Cette rencontre du passé et du présent, ces paysages opposés, cette mentalité et ces personnages qui diffèrent font naître des contrastes qui ne sont pas sans charme.

Ce puissant évocateur qui, par ses seuls moyens, dépassant de loin ceux de Cagliostro, nous fait vivre le présent en ressuscitant le passé, se sert uniquement de la langue française, la plus belle du monde. Et puis, n'a-t-on pas dit qu'en France tout finissait par des chansons?

PRÉLUDE

Sur la terrasse de Monte-Carlo.

Devant les flots bleus de la Méditerranée, par une superbe journée d'hiver.

L'Evocateur et Chante-Muse causent en prenant des cocktails.

L'ÉVOCATEUR

La brise est odorante, et le ciel sans nuages ;
Intense est la clarté. Mon âme veut planer
Dans le rêve inconnu. Veux-tu faire un voyage,
Unique, invraisemblable ?

CHANTE-MUSE

            Où veux-tu m'emmener ?
Partout je te suivrai, toujours dans ton sillage.

L'ÉVOCATEUR

Au delà du possible, à travers la chanson.
Le temps n'existe plus, nous traversons l'espace :
Le cadre est merveilleux. Pour nous il se déplace.
Viens chanter avec moi dans le vaste horizon.

CHANTE-MUSE

Je te suis, enchanteur ; tout mon être se grise.

L'ÉVOCATEUR

Et le mien veut agir ; allons, suivons la brise.

———

Les personnages, les cocktails, les palais clinquant clair de Monaco, les flots bleus, le ciel bleu, tout disparaît et fait place à une teinte grise générale.

L'espace, presque sombre, est éclairé faiblement et à l'infini, par des phosphorescences d'atomes qui vaguent dans l'immensité.

LES INFINIMENT PETITS

———

Embryons de cellules,
Atomes, molécules,
Nous flottons dans les airs,
Nous chantons dans l'éther.
Nous sommes la semence
Qui va donner naissance
   A l'univers.

Le Temps, qui est très patient, continue de marcher.

C'est étonnant ce qu'il a vu se faire dans l'espace, en si peu de milliers de siècles :

Des attractions, des accouplements bizarres d'infiniment petits, des périodes gazeuses, des condensations, des nébulosités informes, des combinaisons chimiques et, se voyant de partout, la silhouette énorme d'un point d'interrogation (?).

On ne peut suivre l'Evocateur, et l'on reste hypnotisé devant le vaste point d'interrogation (?).

Et le Temps, qui ne se lasse pas, va toujours de l'avant.

La lumière est éclatante.

La terre s'éveille au matin sous les ardents baisers du soleil.

La vie circule en elle, son sang est généreux. Elle s'étire paresseusement et chante :

L'ÉVEIL DE LA TERRE

J'ai brillé dans l'espace, étoile nébuleuse ;
Le froid m'a pris bien fort, un froid condensateur,
Et l'éclat est passé de ma forme gazeuse.
Je m'embellis toujours. Une douce chaleur
Vient réchauffer ma chair, attiédie de langueur.
Je me sens vivre enfin, je suis vierge, amoureuse.
Mon père et mon amant, après mon long sommeil :
     Je te souris, Soleil !

A la blonde Vénus vont tes folles caresses,
Elle est plus près de toi. Je suis plus belle encor
Et bien plus jeune aussi. Mon corps plein de promesse
Emerge au sein des eaux, va prendre son essor.
Donne-moi ton baiser dans un doux rayon d'or ;
Viens, déverse sur moi tes ardentes tendresses.
Je tourne autour de toi, mon astre sans pareil :
       Je te souris, Soleil !

Les pousses des forêts, la riante verdure,
Tous les fruits éclatants et les gerbes de fleurs
Font à ma nudité la plus belle parure ;
Les fleuves dans mes flancs tempèrent mes ardeurs.
Mon astre bien-aimé, tu viens sécher les pleurs
De rosée au matin, et ta caresse dure.
Ton amour est fécond. A mon joyeux réveil
       Je te souris, Soleil !

LE SOLEIL

Tu m'apparais exquise
En ton essor natal,
Et ton corps sculptural
Appelle et fanatise
Mon baiser triomphal.
Ton sourire est ma brise.
Doucement je m'irise
Sur ton sein virginal.

Le Temps prend encore ses bottes de sept lieues.

Devant une profonde caverne, un être étrange apparaît.

Il est très poilu, marche sur deux pieds et la tête haute.

Est-ce l'homme qui chante la laconique chanson de ses besoins, en cris rauques monosyllabiques, en constantes onomatopées?

L'HOMME PRÉHISTORIQUE

Je suis le primitif,
Mon langage est naïf.

Lorsque je nais,
Gni-è - gni-è,
Je vis — tic-tac,
Je meurs — couac,
Je mange — bouffe,
Je fatigue — ouf,
Je crie — hou-hou,
Je bois — glou-glou,
Embêté — baille,
J'ai mal — aïe, aïe,

Je dors — do-do,
J'admire — oh-oh,
Je me défends,
Pif-paf, pan-pan,
Refus — la peau,
L'amour — deux dos,
Battu je geins,
Je pleure, hein, hein,
Et quand je ris :
Hi-hi — Hi-hi !

Compliqué le langage,
Le sera davantage
Dans le grand avenir.
On le verra grandir,
Devenir bavardage.

Au-dessus de la Seine, qui coule paisiblement, un homme est perché sur le dôme de l'Institut. Est-ce bien un homme?

Son vêtement est vert, son langage n'est pas fait de monosyllabes ni d'onomatopées.

7

Est-il aussi clair?
Il chante désespérément dans le vide.

LE SYMBOLISTE

Le reflet de coupole
Touche à tout, dépravé...
Il se voit élevé
Par fille qui racole.
Marchepied de l'idole,
Sombre mur, ange lavé.

Fanfare, la cabale
Environne les quais :
Des moines défroqués
Mènent la saturnale.
De Goncourt la timbale,
Les p'tits pois sont truqués.

Fardé comme une arpète
Je souffle un tube vert.
Camouflé dans l'éther
Je plane, je rouspète,
Et mon verbe est très clair.
On se paye ma tête.

La Seine coule toujours.

De jeunes et bruyants rapins sortent de l'établissement de la mère Moreau et déambulent par file en un joyeux monome, le long des quais.

CHANSON DES RAPINS

Les rapins sont des typ's à part,
Ils ont la couleur des s'homards,
Mettent le dessin au rancart.
Ils barbouillent, c'est ça leur art ;
Ont la gueul' sèch', sont des soiffards.

Et plus loin, sous les voûtes de Notre-Dame, des jeunes filles, tout en blanc, pieusement recueillies, envoient vers le ciel leur suave cantique, en l'honneur de la Vierge Marie.

CANTIQUE A LA VIERGE

Nous te chantons, Vierge Marie,
Candide lys, divine fleur,
Toi l'asile de la douleur,
Soulage notre âme meurtrie,
Chasse le mal, sèche les pleurs,
Bonne Vierge Marie !

Alma mater du Rédempteur,
Vénérée et la plus chérie,
Verse ta parole attendrie,
Intercède auprès du Seigneur
Pour le repentir du pécheur,
    Bonne Vierge Marie !

Ton culte est fait tout de douceur ;
Notre âme exulte, chante et prie
Près de ta chapelle fleurie.
En douce paix, divine ardeur,
Nous te donnons notre cœur,
    Bonne Vierge Marie !

Le ciel est tout en feu sur le plateau du Mont Mona.
Une légère brise du soir rafraîchit l'air. Çà et là des
oliviers, des grenadiers en fleurs.

Aux derniers rayons du soleil, le temple de Jérusalem
est brillamment éclairé, et les riches portiques, ornés
d'or, d'argent et de pierres précieuses, ressortent vive-
ment dans la lumière :

CANTIQUE DES CANTIQUES

Salomon

Ma joie est toute en toi, mon muguet des vallées,
Ma rose de Sion, aux formes ondulées.

La montagne de myrrhe est suave d'odeur.
Comme l'aube du jour, que tes amours sont belles ;
Sur les figuiers en fleurs s'en vont les tourterelles.
Je m'embrase de feu. Ta voix n'est que douceur,
Ta lèvre est tout un miel, tes yeux ont pris mon cœur.
Je passerai la nuit entre tes deux mamelles.

Elle vient du désert, son port est imposant.
Belle comme la nuit ; est-ce ma bien-aimée ?
Son parterre m'embaume et sa source est fermée.
Pour toi les atours d'or et les boutons d'argent.
Ton regard de colombe enivre sous tes tresses
De grenadiers fleuris. Tes fruits sont savoureux.
Ton ventre est bien poli, d'ivoire merveilleux.
Garde-moi ton amour, donne-moi tes caresses.

SULAMITE

Du sommet d'Amana, du sommet de Scenir,
J'ai sondé l'horizon sans le voir parvenir.
J'ai cherché sur mon lit celui qu'aime mon âme.
O filles de Sion, de douleur je me pâme.
Interrogez le guet, courez jusqu'à la tour
Et si vous rencontrez celui qu'aime mon âme,
Vous lui rapporterez que je languis d'amour :
Il faudrait beaucoup d'eau pour éteindre ma flamme.

Avant le vent du soir tu reviens, bien-aimé !
Son nom est un parfum, les filles l'ont aimé.
Ma tête est sous son bras et de l'autre il me touche ;
Comme un sachet de myrrhe il est bien contre moi.
Mon désir tend à lui, je suis folle d'émoi,
Qu'il me baise la nuit, des baisers de sa bouche.
Je me pâme d'amour à son œil caressant,
Quand vient chanter en moi son doux agneau bêlant !

Sur les boulevards extérieurs, à Paris, par un temps crasseux, Gigolette pleure son gigolo.

GIGOLETTE

Mon Gigolo s'est cavalé
A la douce, avec des gonzesses,
Des dors en ch..., des drôlesses
Au truc, qu'ont les pieds nickelés.
Va-t-il les mettre à la redresse ?
    C'est un vrai dessalé !

J'ai plus le cœur à la turbine,
J'ai, mince ! un gros tas de poignon ;
Je m'en fous, je suis sans combine
Et je m'enmielle pour de bon.
Il n'est pas là qui me patine :
    Je dors comme un poupon.

Viens retrouver ta Gigolette,
Mon gros loup, toi qui me soutiens,
Tu me battras, ça fait du bien.
Je t'aboulerai ma galette
Et j'irai dans les magasins
T'acheter un' casquette !

—

Les mers sont traversées.

Aucun son dans les solitudes du Pacifique.

En Chine, tout à la guerre civile entre eux, les Chinois n'ont pas le temps de chanter.

Aux Indes, des chants confus en l'honneur de Brahama arrivent péniblement jusqu'au haut de l'Hymalaya. Les derviches enterrés vivants dorment.

Voici la Grande-Bretagne.

On chante, on chante encore, mais c'est toujours le même chant.

GOOD SAVE THE QUEEN.

En avant !

Le ciel embaumé de la Martinique.

Un nègre d'un noir superbe regarde voluptueusement une jeune et belle créole endormie sur son hamac.

La chaleur du jour a quelque peu dérangé sa toilette.

CHANSON NÈGRE

Blanche kéole comme lait,
Gands yeux nois de la Matinique
Chauffés au soleil de topique.
Beaucoup je vois, beaucoup me plaît.
Deux mamelons tès magnifiques,
Bon si peau noi s'y caessait.

A la tombée de la nuit, dans la lande bretonne, à l'observatoire de Flammarion, ici, là, autre part...

RONDE

A la nuit, feux follets,
Lumières vagabondes,
Des âmes les reflets,

Autour des ruisselets,
Nous dansons la ronde,
Nous dansons la ronde
Des feux follets.

Esprits sortis du monde,
Esprits supérieurs,
Près de la table ronde,
Aux dons évocateurs,
Nous dansons la ronde,
Nous dansons la ronde
Esprits frappeurs.

Bien au profond du monde
Règnent les passions ;
Leur torrent nous inonde,
Mène nos actions.
Nous dansons la ronde,
Nous dansons la ronde
Des passions.

———

Midi, dans la rue de la Paix, à la sortie des ateliers.

LES MIDINETTES

———

Midi, les midinettes
Sortent, en se bousculant,
De l'atelier crevant,

Vont faire leurs emplettes :
Des frites et du flan,
Des radis, des crevettes.
Des bath, au restaurant,
Font mines et risettes
Aux garçons bien pensants.

En bande, on se promène.
Un grand hasard amène
De gentils amoureux
Qu'ont la bourse bien pleine,
D'la pommade aux cheveux.
Et la raie au milieu.
On se quitte avec peine,
On s'embrasse sans gêne :
Viens me chercher, mon vieux.

Le ciel de Norvège, au-dessus des fjords.
Les Walkyries descendent sur les nuées et regagnent
la terre, au temple de Walhalla.

Debout les Walkyries,
Autour du Walhalla.
Guerrières accomplies,
Veillons les galeries
D'Odin, fils de Besla.
Debout les Walkyries !

Nous chevauchons le ciel,
Nous revenons sur terre
Pour diriger la guerre.
Nous versons l'hydromel
Dans notre sanctuaire :
Notre amour est mortel !

———

Sur une côte de Picardie, par un temps clair.

Le régiment en marche militaire, musique en tête, traverse allègrement un village.

Les gamins, les jeunes filles suivent en acclamant les soldats.

C'est bientôt la grande halte.

CHANSON DE ROUTE

———

Un pas, deux pas, trois pas,
On glisse sur la route,
On n'en fait pas de cas ;
On va casser la croute
Au carrefour d'en bas.

Des demoiselles,
Toutes pucelles,
Lèvent les bras.
Nous suivent-elles?
Le tambour bat,
Toute la clique
Et la musique
Marquent le pas,
Marquent le pas.

Tout à coup, un arrêt se produit dans le voyage de la chanson, le silence se fait et l'obscurité est complète.

Mais bientôt la lumière revient devant d'autres horizons.

Sur le champ de courses d'Auteuil, on aperçoit dans le lointain la tour Eiffel.

(L'Evocateur, Chante-Muse)

L'Evocateur (*montrant le poing à la tour Eiffel*)

C'est un arrêt forcé, maudite tour Eiffel
Qui s'en vient nous troubler, dans notre beau voyage.
Chassons la T. S. F.

(*imposant les mains*)

Allons, Mane, Thécel...

CHANTE-MUSE

Arrête, cher ami, qu'importe un tour de rôle ;
Laisse aller le hasard, ce sera bien plus drôle.

L'ÉVOCATEUR

Partons, je saurai bien mener ma fantaisie.
Bercons-nous sur les flots de la mer endormie.

(L'Evocateur et Chante-Muse disparaissent, et le cadre change aussitôt.)

L'horizon est superbe, le ciel azuré, c'est le calme partout.

Un navire s'avance majestueusement sur la mer endormie.

Un matelot, doucement bercé sur le pont, chante les berceuses.

BERCEUSES

LA MÈRE

Fais dodo, chérubin,
Je berce ton doux rêve.
Trop tôt le jour se lève,
Trop tôt sera demain.
Dans la nuit qui s'achève,
Fais dodo, chérubin !

L'Amant

Tu t'endors, chère amante,
Je berce ton sommeil
Au rêve sans pareil.
Dans mes bras, frémissante
Jusqu'au joyeux réveil,
Dors toujours, mon amante !

L'Illusion

Riante Illusion
De ma belle jeunesse,
Donne-moi ta caresse,
Ma consolation.
Berce-moi, ma déesse,
Riante Illusion !

Les trompettes sonnent à réveiller les morts.

Dans les plaines de Champagne, aux champs Catalauniques.

Aetius et les Romains, les Visigoths, Mérovée et les Francs viennent de triompher du farouche Attila qui, dans son désespoir, a fait dresser un bûcher où il s'apprête à monter.

MÉROVÉE

Brûle sur ton bûcher, Attila l'invincible,
      Nos armes t'ont vaincu.
Tes troupes ont fléchi, dans le combat terrible,
      Ton orgueil a vécu.

Les Romains et les Goths, les forces germaniques
      Ont triomphé de toi
Dans un élan superbe, aux champs Catalauniques.
      Tu ne fais plus la loi.

Le sang de tes guerriers dans la Marne déborde,
      Le fleuve est encombré.
Nous avons pris tes chars et dispersé tes hordes;
      Tes femmes ont pleuré.

Une quinzaine de siècles après, sur les bords de la Marne.

Des soldats sont également en nombre, mais avec d'autres armements.

Le même cadre, les mêmes événements, les mêmes conséquences.

*On entend dans le lointain l'écho de la victoire de la
Marne.*

LA MARNE

Nous te vénérons, Marne, ô sublime rivière.
A tes bords s'arrêta le douloureux repli ;
La France fut debout ! Tous ses fils ont bondi
Dans un immense élan, déployant leur bannière
Ils ont su triompher, ils ont sauvé leur mère.
Nous verrons libre enfin notre sol envahi.
   Français, chantons la Marne,
   Chantons ses bords fleuris.
   Les lauriers sont cueillis :
   Ils n'ont pas eu la Marne,
   Ils n'auront pas Paris.

Roule tes flots vainqueurs au travers de la plaine
De ruines, ton deuil bientôt s'apaisera.
Les maisons et les fleurs, le blé, tout renaîtra.
On viendra te fêter à la saison prochaine ;
Les cœurs seront joyeux, oubliant toute peine :
Où se campait la mort, c'est l'amour qui viendra.
   Français, chantons la Marne,
   Chantons ses bords fleuris.
   Les lauriers sont cueillis :
   Ils n'ont pas eu la Marne,
   Ils n'auront pas Paris.

Ton nom sera célèbre aux pages de l'histoire,
De l'univers entier, tu fixas le destin,
Domptant la barbarie, en l'arrêtant soudain.
Superbe dans tes eaux, tu t'en viens dans la gloire ;
Partout l'on connaîtra la superbe victoire,
Et tu seras sacrée à tout le genre humain.

   Français, chantons la Marne,
   Chantons ses bords fleuris.
   Les lauriers sont cueillis :
   Ils n'ont pas eu la Marne,
   Ils n'auront pas Paris.

------

*La ville est en ruines, les maisons flambent, le pillage
est partout ; le sang et le vin coulent dans les rues.*

Des troupes débraillées hurlent leur chant à tue-tête.

C'EST LE GRAND SOIR !

Marchons sous la même bannière,
   Les purotins,
Les pauvres gueux, les prolétaires,
   Crevant la faim.
Prenons la torche incendiaire
   Dans notre main.

Brûlons palais, propriétaires,
Tout le venin.
Tuons, pillons, c'est bon à faire :
C'est notre bien.
En avant tout le populaire ;
Venez voir
Le Grand Soir !

———

La mer est d'un bleu intense, dans le golfe de Messine.

Le soleil éclaire brillamment la côte dentelée ; la journée est superbe.

Tout devrait être à la joie et à l'amour, et pourtant on entend des sanglots aux alentours du rocher de Leucate.

PLAINTES DE SAPHO

———

Tristement je reviens au rocher de Leucate.
Phaon s'en est allé, je n'ai pu l'attendrir.
Je ne les verrai plus qu'en un cher souvenir,
Son visage rieur, sa forme délicate.
Il ne veut plus m'aimer, sa pensée est ingrate :
Je suis seule à souffrir !

Jadis j'ai dédaigné le grand amour d'Alcée ;
Devant la passion j'avais un air railleur.
Je le sens maintenant, on souffre bien du cœur.
Le mien va s'affolant, tant je suis angoissée.
C'est un fer qui pénètre en mon âme blessée :
  C'est suprême douleur !

Compagnes de Lesbos, de mes amours anciennes,
Ils sont bien loin déjà, nos plaisirs raffinés,
Au temple de Vénus, nos baisers spontanés.
Nos vers qu'accompagnait la harpe éolienne,
Chantaient les doux frissons des caresses lesbiennes
  Sur nos corps satinés.

Loin de moi le plaisir qui, ténu, s'effémine,
Je ressens maintenant de plus fortes ardeurs.
Phaon, mon beau Phaon, c'est toi qui me domine,
En ton étreinte mâle, en tes élans vainqueurs.
Ton corps se lie au mien, dans tes bras enlaceurs,
  Sur ma blanche poitrine.

Je ne chanterai plus les amours de Sapho.
Ma lyre se taira, c'est ma chanson dernière
Qui, tremblante, s'échappe en douloureux sanglots.
Sans ton amour, Phaon, la vie est trop amère :
Je vais me consoler sur mon lit funéraire,
  Dormir au fond des eaux.

A la frontière du Rhin, un vibrant enthousiasme guide ces jeunes gens de l'ère nouvelle.

Ils accourent en masse pour défendre la Patrie et la République.

CHANT RÉPUBLICAIN

Des siècles ont vécu, des siècles d'esclavage.
Le peuple est enfin maître, a brisé son servage.
Finis le privilège et toute oppression.
Capet veto n'est plus ainsi que sa séquelle.
La sublime devise aux frontons étincelle :
C'est le règne du peuple et de la nation.
  Nos cœurs bondissent d'allégresse ;
  C'est, citoyens, l'égalité
  Que sonne l'heure vengeresse.
  Et la République se dresse
   Contre la royauté,
   Contre la royauté !
  Marchons, luttons avec ivresse,
   Pour notre liberté,
   Pour notre liberté !

Tous les droits sont égaux, partout l'on fraternise,
Et de la liberté souffle la forte brise.
Qu'elle souffle toujours. Il faut la conserver
Et surveiller de près la race scélérate,

L'ennemi de chez nous, l'infâme aristocrate,
Qui relève la tête et s'en vient nous braver...
>> Nos cœurs bondissent d'allégresse ;
>> C'est, citoyens, l'égalité
>> Que sonne l'heure vengeresse.
>> Et la République se dresse
>>> Contre la royauté,
>>> Contre la royauté !
>> Marchons, luttons avec ivresse,
>>> Pour notre liberté,
>>> Pour notre liberté !

Français, entendez-vous la fanfare guerrière
Et le son du canon qui tonne à la frontière ?
Défendons notre sol en son intégrité.
Et poussant au dehors notre fière vaillance,
Aux peuples asservis donnons la délivrance,
Le droit de pouvoir vivre avec la liberté !
>> Nos cœurs bondissent d'allégresse ;
>> C'est, citoyens, l'égalité
>> Que sonne l'heure vengeresse.
>> Et la République se dresse
>>> Contre la royauté,
>>> Contre la royauté !
>> Marchons, luttons avec ivresse,
>>> Pour notre liberté,
>>> Pour notre liberté !

Dans l'Olympe, au milieu des dieux, Eole, le gracieux Eole, voltige, papillonne et caresse amoureusement les déesses.

CHANT D'EOLE

Je chante sur ma lyre
Les déesses, les dieux,
Leurs ébats amoureux.
Et dans le vaste empire
J'ai l'éternel sourire,
Et je vis avec eux.
Mais je me sens frémir,
Rien ne peut me tenir,
    Ni les ivresses,
    Ni les caresses,
    Ni les plaisirs.
    Je suis Eole
    Et je m'envole.

Je viens frôler Vénus,
Au sortir de Cythère,
Caresse ses bras nus.
Sans son glaive de guerre,
Mars, vêtu très sommaire,
La caresse bien plus.
Mais je me sens frémir,
Rien ne peut me tenir,

Ni les ivresses,
Ni les caresses,
Ni les plaisirs.
Je suis Eole
Et je m'envole.

De me voir toujours là
Jupiter s'en étonne ;
Vraiment ça le chiffonne
Que je touche Léda.
Très en colère il tonne
Et fait mugir l'Etna.
Mais je me sens frémir,
Rien ne peut me tenir,
    Ni les ivresses,
    Ni les caresses,
    Ni les plaisirs.
    Je suis Eole
    Et je m'envole.

Je fuis et vois Circé,
De pourceaux la gardienne.
Ils me font de la peine.
Je dépose un baiser
(Il me portera veine)
Sur leurs poils hérissés.

Mais je me sens frémir,
Rien ne peut me tenir,
    Ni les ivresses,
    Ni les caresses,
    Ni les plaisirs.
    Je suis Eole
    Et je m'envole.

Pan, le dieu des fourchus
Aux oreilles pointantes,
Les satyres poilus
Poursuivent les bacchantes,
Se donnant frémissantes
A leurs désirs goulus.
Mais je me sens frémir,
Rien ne peut me tenir,
    Ni les ivresses,
    Ni les caresses,
    Ni les plaisirs.
    Je suis Eole
    Et je m'envole.

Sur la route bordée d'aubépines en fleurs, longeant d'épais pâturages, s'en vont les gentils troubadours.

Ils se dirigent vers le château où ils apporteront, avec leurs chansons, la douce liesse et l'amour.

TROUBADOURS

Nous sommes gentils troubadours,
Suivons nos seigneurs à la guerre,
En Palestine, en Sainte Terre ;
Les nobles dames de la cour
Pour nous ne sont pas trop sévères.
　　Nous chantons leurs amours.

Nous allons, de ville en village,
Recueillant le pain du bon Dieu ;
On nous entend autour du feu.
Notre chanson au doux langage
Donne liesse aux amoureux
　　Qui s'aiment davantage.

Troubadours, troubadours,
Poètes de l'amour,
Nous le serons toujours !

Sur les bords de la Marne, des canotiers et leurs petites amies, tous habillés de flanelle claire, les bras nus, de grands chapeaux de paille sur la tête, s'embarquent sur les canots, rament vigoureusement et entament la chanson « La Vie au grand Air ».

Dans une guinguette voisine, on entend également la chanson en vogue et le refrain est répété par les danseurs.

LA VIE AU GRAND AIR

Dans la ville on étouffe et la vie est bien dure.
Entre des murs étroits, sans un coin de verdure,
Employés, ouvriers, c'est pour nous la prison.
Nous mourons, par degrés, dans l'air irrespirable,
Dans les taudis infects, l'odeur insupportable.
Dimanche, viens bientôt changer notre horizon !
 Le soleil dore la campagne,
 La brise soulève la mer,
 On respire dans la montagne.
 Amis, que la joie accompagne,
 Chantons la vie au grand air,
 Chantons la vie au grand air !

Courir à travers champs, dans les bois, la verdure,
Se baigner au ruisseau qui doucement murmure,
Entendre les oiseaux, en admirant les fleurs,

C'est l'oubli de nos maux. On déjeune sur l'herbe,
On chante à l'unisson, l'appétit est superbe,
Et l'on revient le soir avec la joie au cœur.
    Le soleil dore la campagne,
    La brise soulève la mer,
    On respire dans la montagne.
    Amis, que la joie accompagne,
    Chantons la vie au grand air,
    Chantons la vie au grand air!

Les vacances l'été, la chaleur continue.
De Paris embrasé c'est la fuite éperdue.
On va se reposer, si c'est bien le repos
Que d'aller de l'avant, brûlant le paysage,
Courir les casinos, les stations d'usage.
C'est grande cure d'air, c'est la cure des eaux.
    Le soleil dore la campagne,
    La brise soulève la mer,
    On respire dans la montagne.
    Amis, que la joie accompagne,
    Chantons la vie au grand air,
    Chantons la vie au grand air!

Le charme des vieux jours est encor la campagne,
On vient s'y retirer auprès de sa compagne.
Le jardin est fertile et les fruits savoureux.

De l'air plein les poumons, l'horizon qui repose
Et de simples désirs, c'est toujours même chose.
La journée est bien courte et l'on se couche heureux.
    Le soleil dore la campagne,
    La brise soulève la mer,
    On respire dans la montagne.
    Amis, que la joie accompagne,
    Chantons la vie au grand air,
    Chantons la vie au grand air !

———

Pas loin de Trianon, dans une allée d'un parc bien dix-huitième siècle, on voit, çà et là, une grotte, un bassin avec un jet d'eau, une statue de l'amour, une escarpolette.

Un jeune berger, abandonné par sa bergère, regarde tristement les lieux champêtres, soupire devant l'escarpolette et exhale ses plaintes contre l'infidèle Sylvie.

SYLVIE

———

    A genoux devant ton autel,
    Je me meurs, adorable Sylvie.
    Ton départ me fut bien cruel,
       Viens me rendre la vie.

Tu connais un autre berger
Que tu reçois dans ta chaumière;
Je ne peux pas me soulager,
   Mon cœur pleure misère.

Il reste soumis à ta loi.
Le dieu que tu fuis a des ailes,
Reviens vers moi, ma pastourelle,
   Je n'aimerai que toi.

Il t'a menée en son château,
Sous les lambris où l'or éclate,
Et tu couches sous des rideaux
   De pourpre et d'écarlate.

Son amour est simple désir,
Bientôt il s'enfuira rebelle
Quand il n'aura plus de plaisir,
   Auprès d'une autre belle.

Nous nous aimions autrement,
Sur la fougère et sur l'herbette.
Tu me disais ton sentiment,
   Je prenais... ta houlette.

Tu m'embrassais bien gentiment
Et mon ardeur était extrême.
Je te serrais, te câlinant,
   Je te disais : je t'aime!

Je t'attends auprès de la tour
Où mon âme se fit captive.
Reviens, Sylvie, à mon amour,
Si tu veux que je vive!

A Paris, au palais de l'Elysée, la salle est brillamment éclairée, et de nombreux convives assistent au banquet.

Un député, hirsute, formule ses vœux dans un toast au président, qui lui répond.

TOAST

A notre président je lève ici mon verre,
A son bon vin d'abord, puis à sa ménagère,
A l'abolition de l'affreux capital
Quand je serai pourvu, c'est là le principal;
Aux fiches de civils après celles de guerre,
Aux lois rétrogradant, si c'est bien nécessaire,
Au changement constant des lois sur les loyers,
Pour en venir bientôt à ne plus rien payer,
A toute paperasse, à la sainte routine,
A la compréhension des guerres de la Chine,
Au très chaste Cognac, à ses nombreux poupards,
A de nouveaux impôts pour la famille entière,

Aux primes de misère, à l'existence chère,
Aux jolis pots de vins dont je prendrai ma part,
Aux dancing capiteux révélant le grand art,
A la jupe plus courte et montrant le derrière,
A la création d'autres fonctionnaires,
Aux parents très soumis aux ordres des enfants,
Aux rapides amours ne durant qu'un moment,
Au budget comportant des pensions nouvelles,
Aux talons surhaussés échassant les oiselles,
Aux salons de ce jour, à nos arts décadents,
Au franc stabilisé de la terre promise
Ne nous laissant plus rien, pas même une chemise ;
A la coco divine et tous stupéfiants.
Pour terminer, je bois à la lutte prochaine,
A la destruction de la classe moyenne,
A la fin des rentiers, de tous les employeurs,
De leurs grands chefs adjoints et des propriétaires,
Aux lois d'exception, aux lois autoritaires !

Le Président

Pour exaucer vos vœux, messieurs les sénateurs,
Messieurs les députés seront vos pourvoyeurs.
Moi, je bois à la fin de notre présidence,
Du triste protocole et de ma surveillance,
Aux tambourins joyeux, aux orangers en fleurs,
Aux filles du Midi qui nous volent nos cœurs ;
Je lève enfin mon verre au ciel de la Provence.

Tout à côté, en pleine avenue des Champs-Elysées, on entend des bravos répétés, des trépignements frénétiques. C'est un enthousiasme indescriptible.

L'étoile à la mode chante la scie du jour :

NANA

De gros tetons, Nana,
On peut dire : elle en a.
Le diable la tourna,
Vénus la tétonna,
L'amour les façonna
Tes gros tetons, nana,
Tes gros tetons, nana.

Quand ils font la nouba,
En de joyeux ébats,
Aucun ne se rabat.
Je vois de haut en bas
Quand ils font la nouba,
Et j'en suis tout baba,
Et j'en suis tout baba.

On ne voit plus les Champs-Elysées, on monte, on monte toujours plus haut, au-dessus des nuages méphitiques de l'atmosphère de la terre.

On arrive à planer dans l'air absolument pur, et les voix suaves des âmes éthérées se font entendre dans le lointain.

CHANT DES AMES ÉTHÉRÉES

Loin des bas appétits, dans les vastes séjours,
Légères nous planons, dans l'azur élancées,
Chantant les cris du cœur, les sublimes pensées,
Les nobles actions et les chastes amours.
Nous allégeant sans cesse, en remontant toujours,
Les brises du bonheur avec nous sont passées.

Mobiles dans les airs, nous suivons les zéphirs,
Qui nous font redescendre et voler vers la terre.
Doucement nous laissons notre empreinte sévère,
Eloignons les humains des vulgaires plaisirs,
Relevons leur travail, épurons leurs loisirs
Et laissons après nous un sillon de lumière.

Belles âmes, nos sœurs, au souffle radieux,
Quittez le sol grossier où tout choque et vous lasse.
Venez à notre appel et voguez dans l'espace ;
Ensemble, en chœur, chantons les hymnes généreux,
Grisons-nous d'idéal et goûtons toujours mieux
Un éternel bonheur dans l'éternelle extase !

*On redescend rapidement vers la terre. On arrive,
sous un ciel favorisé par le soleil, dans le pays où file
le grand Macaroni, le pays sacré de la liberté!*

*Les enfants ne peuvent plus danser en rond. On n'a
plus le droit de chanter, même le gouvernement.*

Aussi tout se tait, aucune romance, même napolitaine.

*Pour pouvoir respirer et chanter librement, on reste
dans les mêmes parages et on se trouve instantanément
quelques milliers d'années en arrière.*

*Dans la mer de Sicile, les voix des Sirènes se font
captivantes pour attirer les voyageurs sur les rochers.*

LES SIRÈNES

Approche auprès de nous, jeune et beau matelot,
Entends se moduler notre chant qui captive,
Vois nos corps merveilleux, leur nudité lascive
Et nos seins émergeant tout au-dessus des eaux.
Laisse-toi doucement balancer sur les flots,
Viens, c'est la volupté, c'est la joie intensive.
   Entends nos doux accents
   Qu'un léger vent t'amène,
   Vois nos appas de reines,
   Nos yeux phosphorescents.
   Accours, jeune passant,
    Vers les sirènes,
    Vers les sirènes!

Ne crains plus rien de nous, hardi navigateur,
Nos chants éoliens n'iront plus dans la brise
Chercher sur ton parcours ta venue indécise.
Le grand poète Orphée est de nous le vainqueur ;
Ses vers ont épanché leur suprême douceur
Dans les airs étonnés, sur la terre surprise.

      Finis les doux accents
      Qu'un léger vent amène,
      Les yeux phosphorescents
      Et les appas de reines.
      Cherche, jeune passant,
        Plus de sirènes,
        Plus de sirènes.

Sur les bords du Nil, au delà des Pyramides, sous la 11ᵉ dynastie.

LA MOMIE

      Des siècles endormie,
      Du tombeau d'Osiris
      Au soir je suis sortie.
      Descendante d'Isis,
        Je suis la momie.

J'ai quitté le yalou
Pour reprendre la vie.
Dans ma forme amincie
Mon esprit se fait tout.
   Je suis la momie.

Fille de Pharaon,
Règne ma dynastie
Sur l'Egypte affranchie.
Mort au traître Typhon.
   Je suis la momie.

Le temps m'a semblé long
Seule, sans compagnie.
Mes bandes je délie.
Respirer me fait bon.
   Je suis la momie.

Je vais me transformer
Après ma léthargie.
Je me sens rajeunie,
Je veux encore aimer,
   Je suis la momie.

Après bien des détours chez les Soviets où on danse encore pour se réchauffer, mais où on ne chante plus, on arrive enfin à la célèbre ville de Montmartre, la capitale intellectuelle du monde.

Dans un cabaret artistique où on engueule les clients à leur arrivée, un chansonnier accompagne sa chanson rosse de gestes sobres mais énergiques.

JE NE PEUX PAS M'Y FAIRE

Il me faut vivre à mon époque
Où règne l'argent, pas l'honneur
De gens tarés et sans pudeur,
Dont la façon toujours me choque.
Rien de bien franc, c'est l'équivoque
Et l'égoïsme en son ampleur.
Peu de travail, la couardise;
On veut paraître, on veut jouir,
Sacrifier tout au plaisir,
Par vanité, fainéantise.
Aujourd'hui l'homme est décadent,
Tout appétit, sans caractère.
La femme, échalas ambulant,
Se farde tout, jusqu'au derrière.
    Je ne peux pas m'y faire
    Aux gueules d'à présent.

On ne peut plus voir la nature.
Pleins de morgue, et l'air de brigands,
Les rois des chemins, malfaisants,
Vont sur autos, à toute allure.
C'est l'odeur forte, éclaboussure,
Et l'assassinat tout le temps.
Des abrutis vont le dimanche
Voir tourner l'auto meurtrier ;
Souvent il vire à dévoyer,
Je ne plains pas, c'est la revanche.
Aujourd'hui l'homme est décadent,
Tout appétit, sans caractère.
La femme, échalas ambulant,
Se farde tout, jusqu'au derrière.
        Je ne peux pas m'y faire
        Aux gueules d'à présent.

Sommes-nous bien encore en France ?
Tous les types de l'étranger
S'en vont chez nous se goberger,
Et pour eux seuls joie et bombance.
Des gens véreux de la finance
Du dehors, viennent nous gruger.
On assassine le langage
De mots de sport, de mots anglais ;

On ne comprend plus le français,
Et partout le jazz-band fait rage.
Aujourd'hui l'homme est décadent,
Tout appétit, sans caractère.
La femme, échalas ambulant,
Se farde tout, jusqu'au derrière.
    Je ne peux pas m'y faire
    Aux gueules d'à présent.

Que dire de la politique,
De nos rapaces députés
Ennemis des réalités,
Aveugles au moment critique?
Mais si le pot de vin rapplique
Ils sont comme des dératés.
Dans leur mandat, sans confiance,
Ils brouillent tout à leur façon,
Soignent d'abord l'élection;
Après, que périsse la France!
Aujourd'hui l'homme est décadent,
Tout appétit, sans caractère.
La femme, échalas ambulant,
Se farde tout, jusqu'au derrière.
    Je ne peux pas m'y faire
    Aux gueules d'à présent.

Dans la sottise de la mode
La femme vit et se complaît ;
Elle est d'elle tout le reflet.
Du meilleur goût c'est l'antipode.
Pour les mœurs, c'est plus commode,
On n'en veut plus, c'est plus tôt fait.
C'est la vanité qui la guide.
Plus de bonheur à la maison,
Et pouvoir faire le garçon
Dans un accoutrement stupide.
Aujourd'hui l'homme est décadent,
Tout appétit, sans caractère.
La femme, échalas ambulant,
Se farde tout, jusqu'au derrière.
    Je ne peux pas m'y faire
    Aux gueules d'à présent.

Le dernier couplet de la chanson rosse est à peine terminé que sur le flanc de la butte, d'une fenêtre mansardée, on entend la voix fraîche et harmonieuse d'un jeune employé, chantant une romance d'amour.

IL NOUS RESTE UN RAYON D'AMOUR

Le temps a refroidi la terre,
Les feuilles d'automne ont bruni,

Tout prend une allure sévère,
Le bois dénudé s'éclaircit.
Plus de fleurs, plus d'oiseaux aux nids,
Tu n'as plus ta robe légère,
Ton chapeau de paille fleuri
Pour la ballade sans souci.
Tout est séché, rien ne prospère
   Sur le terrain durci.
Mais la nature est toujours belle,
Il nous reste un rayon d'amour.
Sachons le garder jusqu'au jour
   De la saison nouvelle.

Il faut le soigner gentiment,
Pendant le temps de la froidure,
Calfeutrer notre logement,
L'un près de l'autre nous chauffant
Jusqu'au réveil de la nature.
Ce sera très bon je t'assure
D'être tous les deux seulement,
De goûter notre sentiment.
On s'embrassera sans mesure
   Tout en se câlinant.
L'existence nous sera belle,
Il nous reste un rayon d'amour.
Sachons le garder jusqu'au jour
   De la saison nouvelle.

Nous nous apprécierons bien mieux,
Plus à même de nous connaître,
Nous nous querellerons peut-être
Ainsi que tous les amoureux.
Dès que nous verrons apparaître
Le gai soleil à la fenêtre,
Avec le bel azur des cieux,
Nos cœurs bondiront tout joyeux,
Et nous nous sentirons renaître
        Aux baisers savoureux.
La nature se fera belle,
Plus vif, notre rayon d'amour
S'épanouira, le beau jour
        De la saison nouvelle.

*Un poète montmartrois rentre à son domicile, tout
en haut de la butte, en chantant le refrain de Montmartre.*

MONTMARTRE

De sa colline, sans égale,
Montmartre regarde, narquois,
Paris, soi-disant capitale.
Rampant à ses pieds, trop étroit.
De sa noble masse il l'écrase
Et le voit croupir dans sa vase.

C'est des grands hommes le séjour,
C'est la chanson pleine d'humour,
La poésie et puis l'amour,
A Montmartre, la nuit, le jour !

Le décor change encore, mais semble devoir se stabiliser.
Dans un délicieux coin de verdure, en Normandie.
Il se fait tard, c'est presque le crépuscule.
L'Evocateur, Chante-Muse causent.

L'ÉVOCATEUR

Quelle douce fraîcheur auprès de la prairie,
La verdure partout, c'est bien la Normandie
Et le calme complet dans le jour qui s'enfuit.

CHANTE-MUSE

Son charme me pénètre, on n'entend aucun bruit,
Le contraste toujours, vraiment cela me change
De notre beau voyage en son parcours étrange.

L'ÉVOCATEUR

Le voilà terminé comme un superbe rêve.
Merci de ton concours, de ton rôle brillant ;
Veux-tu chanter encor, mais pour moi seulement ?

CHANTE-MUSE

Je veux bien, mon aimé, je vais chanter la Sève.

LA SÈVE

La fécondante pluie et la rosée en pleurs
Dans leurs gouttes d'argent, confites d'espérance,
S'étirent sur les jets, les moissons et les fleurs.
Le baiser du soleil tendrement les condense,
Leur infuse la vie en de chaudes moiteurs,
Et la sève qui monte amène l'abondance.

La chaleur des beaux jours, sur le flanc des coteaux
A mûri le raisin ; la vendange est heureuse,
Le précieux nectar a rempli les tonneaux.
C'est la fête au pays, l'assistance est joyeuse,
La chanson se répète et le vin coule à flots,
Son fumet est exquis, sa sève savoureuse.

C'est le sang généreux qui fait bondir les cœurs,
Qui donne ses élans à la belle jeunesse.
Il court à l'action, sans souci des honneurs,
Fait naître les héros, l'amour et son ivresse
Dans le bois qui verdit, dans la pousse des fleurs.
C'est la sève toujours, la sève enchanteresse !

A travers les esprits elle écoule ses eaux.
Sa source très puissante ne peut être tarie
Dans les pays d'élite, où sont les grands cerveaux,
Et féconde le sol où naîtra le génie.
Elle monte toujours, en afflux cérébraux.
C'est la sève sublime, à la gloire infinie.

C'est le souffle divin, le fluide ancestral,
Principe de la vie et d'essence immortelle.
Il va, vient, se déplace, en son essor natal.
Il vit, revit encore et, bien que toujours frêle,
Il est base de tout dans l'ordre général,
Car la vie est la sève et la sève éternelle !

L'ÉVOCATEUR

Chante-Muse, bravo pour ta belle chanson
Qui relève notre art, lui donne l'envergure,
Et ta voix s'assouplit, en suivant la nature
Des sujets modulés, du riant au frisson.

CHANTE-MUSE

Ce sont bien des efforts ; ma tête en est lassée,
Il y règne un chaos, sans suite et sans pensée
Et je mélange tout ce qu'on vient de chanter.
Écoute, mon ami, je ne puis résister :
Je viens de rencontrer celui qu'aime mon âme,
Il faudrait beaucoup d'eau pour éteindre ma flamme.

Comme un sachet de myrrhe il est bien contre moi.
Mon loup, viens retrouver ta belle Gigolette.
Tu me battras très fort et t'auras ma galette.
O filles de Sion, mon cœur est en émoi.

L'ÉVOCATEUR

Je meurs de mon amour, adorable Sylvie,
Laisse là ton berger, tu me rendras la vie,
Vénus te tetonna, l'amour les façonna,
Aucun ne se rabat quand ils font la nouba.
Je rêve toujours d'eux, reviens, ma pastourelle ;
Sur les figuiers en fleurs s'en vont les tourterelles.
Je passerai la nuit entre tes deux mamelles.

CHANTE-MUSE

Soyons plus sérieux, il nous faut une fin.
Allons, cher enchanteur, qui tout métamorphose,
C'est à toi de trouver un dénouement très bien,
Sans s'envoler encor, sans tragique destin,
Sans trop de gros effets et sans apothéose.

L'ÉVOCATEUR

Je vais te proposer une bien simple chose :
Après tous nos ébats, les émois d'un grand jour,
Allons nous reposer dans le lit de l'amour !

Dans la nuit qui s'avance, les amoureux s'en vont tranquillement, la main dans la main, par le sentier qui longe la prairie et en chantant le refrain du jour.

Ma maîtresse est charmante,
J'aime mieux mon auto.
Elle est ma foi piquante,
Mais lui ce qu'il est beau.
Il fait du cent-cinquante,
En côte, mon auto !

—— FIN DE L'ÉVOCATION ——

Chansons de tous temps

(2ᵉ Partie)

J'AIME

J'aime, ce divin mot, doucement se murmure
Ou s'échappe soudain, vibrant de passion.
Il craint de s'exprimer, pâle d'émotion,
Et souille sa candeur dans une bouche impure.
Il atteint les sommets du plus pur dévouement.
Eternel, toujours jeune, il marque son sillage
D'un éclair lumineux. Partout sur son passage,
Fait de joie ou tristesse, il sourit en pleurant.

J'aime les fleurs des champs et j'aime la verdure,
Là montagne imposante et les flots de la mer,
Le ciel tout azuré, la pureté de l'air,
Le silence des bois et leur sombre ramure.
J'aime mon gros toutou, fidèle compagnon,
Qui me comprend si bien, ma basse-cour en fête
Quand j'apporte le grain, mon beau coq qui me guette
Et, parmi les taillis, des oiseaux la chanson.

J'aime aussi tous les arts dans leur beauté sincère,
Conçus par la pensée et qui me font vibrer ;
La forme et la couleur doivent vous pénétrer.
J'aime les grands écrits, la phrase belle et fière,

L'élan des sentiments, les vers mélodieux.
J'aime par-dessus tout la divine musique
Qui me fait frissonner. Son pouvoir est magique :
Elle détend mes nerfs et fait pleurer mes yeux.

J'aime les grands yeux bleus de ma tendre maîtresse,
Son limpide regard qui trouble en caressant,
Son sourire charmeur, son teint éblouissant
Et son corps tout ému qui frémit de jeunesse.
J'aime son ton câlin, sa touchante bonté
Qui veut toujours donner, qui souvent me console,
Par ses soins délicats, par sa douce parole,
Donnant le réconfort à mon cœur attristé.

J'aime la solitude et l'emplis de mon rêve,
Le bon sens qui va droit, toute l'honnêteté,
Les mêmes sains plaisirs, faits de simplicité.
J'aime l'enthousiasme et tout ce qui m'élève
Vers les grands horizons, la riante gaîté
Ne s'abaissant jamais, la divine bonté,
La franchise toujours, l'indulgence suprême
Et, dans mes fiers élans, profondément je m'aime !

SUZON, BONJOUR !

J'ai passé la nuit, la journée
Sans te voir, tu m'as quitté !
Hier, on s'était disputé.
La rose que tu m'as donnée
Pendant l'absence s'est fanée.
Sur vous je me suis attristé.
Mon cœur a souffert de t'attendre
     Tout un long jour.
Tu me reviens, charmante et tendre,
     Suzon, bonjour !

Le motif de notre querelle,
Bien léger, on l'avait à cœur
Par un stupide point d'honneur.
La cause, maudite soit-elle,
Qui nous priva de nuit si belle.
Je l'ai passée en la douleur.
Mon cœur a souffert de t'attendre
     Tout un long jour.
Tu me reviens, charmante et tendre,
     Suzon, bonjour !

J'ai ressenti la jalousie
Qui m'a pris jusqu'à m'angoisser.
Le temps trop long m'a fait penser,
Jour douloureux, nuit d'insomnie!
Dis que je suis seul dans ta vie,
Que toujours j'aurai ton baiser.
Mon cœur a souffert de t'attendre
        Tout un long jour.
Tu me reviens, charmante et tendre,
        Suzon, bonjour!

Je te revois, toujours plus belle,
Après le cruel désarroi.
Ne me dis rien puisque c'est toi
Et que tu m'es toujours fidèle.
Viens, tout mon désir t'appelle,
Que je te sente bien à moi.
Mon cœur a souffert de t'attendre
        Tout un long jour.
Oublions tout et viens me rendre
        Mon fol amour.

JE VEUX T'AVOIR ENCORE

Un soir, rentrant chez moi, ma maison était vide,
J'étais abandonné ; mon chagrin déborda.
Je pleurais mon amour, je te pleurais, perfide.
Quoique mon cœur sût bien que tu n'étais plus là
Je te cherchais quand même en ma folle espérance,
Et l'appel de ton nom rompait seul le silence.
Je fouillais tous les coins, pensant te voir surgir
Riant de mon émoi, sortant de ta cachette,
Si fraîche et si gentille en ta simple toilette.
Hélas ! j'étais bien seul, triste à vouloir mourir.

> Je t'aime, je t'implore
> Malgré ta trahison
> Et ta défloraison.
> Viens calmer mon frisson,
> Je veux t'avoir encore.

Que de jours sans te voir, c'est une éternité !
Je les passe à courir, sans aucune nouvelle.
Mais bien trop tôt j'apprends la triste vérité :
Mon amour t'a lassée et la noce t'appelle.
Je te hais, infidèle, j'ai pour toi de l'horreur ;
Je voudrais te tenir, toi qui viens de te vendre,

Te battre, me venger et chercher à te rendre
Au centuple le mal fait à mon pauvre cœur.
Je suis fou, ne crois pas ce que tu viens d'entendre,
Je ne peux te haïr, je n'ai que ma douleur.

       Je t'aime, je t'implore
       Malgré ta trahison
       Et ta défloraison.
       Viens calmer mon frisson,
       Je veux t'avoir encore.

Mon bonheur n'a duré qu'un peu plus de deux ans.
J'ai perdu tout mon bien en perdant mon amie;
Je ne reverrai plus ton visage charmant,
Ta forme gracieuse en sa douce harmonie,
Tes cheveux blonds si fins, se dorant au soleil,
Tes grands yeux fureteurs, ta bouche souriante,
Ta peau douce au toucher, à l'éclat sans pareil.
Je n'aurai plus jamais ta beauté triomphante,
Tes baisers qui brûlaient et ta fougue d'amante.
Le rêve s'évapore à mon triste réveil.

       Je t'aime, je t'implore
       Malgré ta trahison
       Et ta défloraison.
       Viens calmer mon frisson,
       Je veux t'avoir encore.

Si pourtant je pouvais te revoir, t'amender,
Laissant là le passé, laissant là ma souffrance,
Auprès de moi t'avoir et toujours te garder,
Je serais tout en joie et rempli d'indulgence.
Mon amour est plus fort, mûri par la souffrance.
Tu m'aimerais encore aux liens de ma tendresse.
Légère tache au fruit lui laisse sa saveur.
On pourrait refleurir en nouvelle poussée;
Je te conserverais, te tenant embrassée,
Encore bien à moi, tout auprès de mon cœur.

      Je t'aime, je t'implore
      Malgré ta trahison
      Et ta défloraison.
      Viens calmer mon frisson,
      Je veux t'avoir encore.

L'AMOUR SANS PROTOCOLE

Depuis longtemps déjà nous vivons à la colle.
Le bonheur du passé fait prévoir l'avenir ;
C'est l'amour sans façon, sans aucun protocole.
Nous vivons du présent et du cher souvenir.
Je suis ton compagnon et toi ma chère idole,
Avec les mêmes goûts et les mêmes désirs.
      On s'aime bien, on se cajole ;
      Par Vénus, la colle a du bon.
      C'est le ménage sans geôle,
      C'est l'amour sans crampon.

Que j'aime tes grands yeux si profonds de tendresse,
Ta chaude affection, faite de dévouement,
Ton visage rieur, ton corps souple et charmant.
Ton éclat, ta fraîcheur appellent la caresse.
Je trouve tout en toi, la femme, la maîtresse,
Et chaque jour qui passe est un enchantement.
      On s'aime bien, on se cajole ;
      Par Vénus, la colle a du bon.
      C'est le ménage sans geôle,
      C'est l'amour sans crampon.

Pour être irrégulière on sait régler sa vie;
Le plaisir a son temps. Nous travaillons tous deux,
Nous nous encourageons, dans l'effort fructueux,
Pour notre bien commun et sans rien qui nous lie.
La prose nécessaire après la poésie;
Terminé le labeur, on s'embrasse bien mieux.
    On s'aime bien, on se cajole;
    Par Vénus, la colle a du bon.
    C'est le ménage sans geôle,
    C'est l'amour sans crampon.

Nous sommes dans l'attente, enfin voici dimanche.
C'est le printemps, mignonne, et le soleil joyeux
Fait descendre pour nous ses chauds rayons des cieux.
Habille-toi bien vite et mets ta robe blanche,
Fêtons le renouveau, que notre cœur s'épanche,
Et courons par les bois comme des amoureux !
    On s'aime bien, on se cajole;
    Par Vénus, la colle a du bon.
    C'est le ménage sans geôle,
    C'est l'amour sans crampon.

SOUVENIRS

En sondant le passé je revois ma jeunesse,
Sa foi dans l'avenir, ses élans généreux,
La lutte continue et toute sa rudesse,
La récompense enfin des efforts sérieux.
Si j'ai pleuré, souffert, mes pleurs furent sincères,
Je les sens dans mes yeux, mais presque avec douceur,
Et mon cœur se retrempe aux rappels du bonheur.
Ce sont de mon passé les étapes bien chères;
Le passé s'est enfui, sans pouvoir revenir,
C'est un heureux retour que le doux souvenir.

Je me revois encor dans mon enfance heureuse,
Elevé librement et souvent au grand air,
J'avais bonne santé, la nature fougueuse,
J'aimais les bois, les champs et les flots de la mer.
Je trouvais mon plaisir dans mon exubérance.
Ami des animaux, j'avais un chien à moi;
Mon esprit éveillé demandait les pourquoi,
Cherchant le merveilleux, en avait la croyance.
Le passé s'est enfui, sans pouvoir revenir,
C'est un heureux retour que le doux souvenir.

J'ai rêvé de l'amour avant de le connaître,
Il prenait une forme idéale à mes yeux,
Différente très peu quand je la vis paraître
Qu'elle prit tout mon cœur à mes premiers aveux.
Que de jolis détails que je me remémore,
Une fleur, un baiser, un premier rendez-vous,
Puis le moment suprême où l'on se donne tout.
Ce temps est bien ancien, mais je le vois encore.
Le passé s'est enfui, sans pouvoir revenir,
C'est un heureux retour que le doux souvenir.

J'ai fait vibrer mon cœur, j'ai dit encor je t'aime.
Une rose est venue où l'autre s'écroula ;
Elle était aussi belle, amour était le même ;
J'ai frémi dans ma chair, mais mon âme était là.
Que de bons souvenirs dans notre belle vie,
Nos désirs se parlaient dans leur vivacité,
J'aimais plus fortement dans ma virilité.
Je puisais du bonheur ; aujourd'hui, je l'envie.
Le passé s'est enfui, sans pouvoir revenir,
C'est un heureux retour que le doux souvenir.

Souvenirs du passé n'apportez pas vos larmes,
Mon cœur est à la joie et voudrait y rester.
Evoquez le sourire, évoquez tous les charmes
De mes anciens bonheurs, accourez m'enchanter.

Aujourd'hui tout sourit, la journée est divine,
On ne peut être triste avec un ciel pareil.
Les rayons du passé, les rayons du soleil
Viennent me réchauffer ; leur douceur me câline.
Le passé s'est enfui, sans pouvoir revenir,
C'est un heureux retour que le doux souvenir.

IL FAUT AIMER

Un grand émoi remplit mon cœur de jeune fille.
Je suis toute grisée aux souffles du printemps,
Je ris dans ma jeunesse et j'admire à vingt ans
La splendeur d'un beau jour dans le soleil qui brille.
Ses rayons les plus doux viennent me caresser ;
Une langueur me prend, je voudrais me bercer.
Ces chers moments de vague, en douceur infinie,
Attendrissent mon âme errante et qui s'oublie ;
Mais un feu tout nouveau surgit, vient m'enflammer.
   Mon cœur me chante : il faut aimer !

Je me sens plus aimante en embrassant ma mère,
Plus tendre est mon parler, mon regard plus brillant ;
Si je chante parfois, mon chant est plus vibrant
Et je suis bien distraite en faisant ma prière !
Je sursaute soudain quand on vient m'effleurer
Et souvent, sans motifs, je me mets à pleurer.
Mais j'aime ma langueur et je la veux encore ;
C'est un désir nouveau qui chez moi vient d'éclore.
C'est la douce chanson qui va me transformer.
   Mon cœur me chante : il faut aimer !

Les fleurs ont plus d'éclat, me parfument les roses
Et plus vivantes sont les vertes frondaisons.
Folle, j'aime à courir à travers les buissons,
Heureuse de flâner, admirant toutes choses.
Dans les grands bois j'entends les pigeons roucouler
Et les petits oiseaux qui viennent s'accoupler ;
Tout s'aime et se le dit au fond de la verdure.
Un grand élan d'amour s'élève en la nature
Qui tressaille de vie et semble s'animer.
       Mon cœur me chante : il faut aimer !

Au détour du chemin, quand je sors du village,
Vers le déclin du jour, je rencontre François.
Je tremble maintenant, lorsque je l'aperçois,
Et mon cœur étonné bondit dans mon corsage.
Je le trouve si beau ; comment lui refuser
Pour la première fois son simple et doux baiser ?
Il est parti tout seul, aussi je le tolère
Et le mien lui répond, c'est bien involontaire ;
Je le vois si content, pourrait-on me blâmer ?
       Mon cœur me chante : il faut aimer !

LE RENOUVEAU

L'hiver qui se figeait dans la brume et la glace
S'enfuit, s'évaporant aux rayons du soleil.
Tout renaît, tout verdit, c'est l'éclatant réveil.
L'opaque demi-jour à la clarté fait place.
La terre s'émeut, fume à l'ardeur du baiser,
Sourit à son amant et remonte sa sève.
C'est le gai renouveau, tout un désir se lève,
Désir de vie intense et de la dépenser.

Graines encore hier, du sol sortent les pousses.
Les fleurettes des champs, brillants d'or, les boutons,
Dans l'herbe rajeunie, émaillent les gazons.
Les bourgeons pointillants émergent dans les brousses,
Cherchant à s'étaler et se réveillent fleurs.
Les arbres dégelés se dressent, s'assouplissent ;
Le sang bout dans leurs flancs et les branches verdissent,
La rosée au matin dans l'air sèche ses pleurs.

Sur le mur le lézard se prélasse et digère,
Le merle joyeux siffle à travers les buissons ;
Autour des jeunes fleurs s'en vont les papillons.
Le coq étend sa voix, son allure est plus fière ;

C'est le chant des oiseaux, préludant à l'amour
Et dans l'air embaumé leur douce mélodie.
C'est l'infiltration des effluves de vie
Qui viennent se mêler aux chauds rayons du jour.

Le rire est dans les cœurs et le cerveau se grise
A ce premier baiser des appels du printemps.
C'est la chair qui frémit chez les adolescents
Et la vierge s'émeut dans sa pudeur surprise.
Tout est joie et clarté dans la beauté du jour.
Avec l'hiver ont fui les souvenirs moroses;
Les couples enlacés se disent douces choses,
Chers projets de bonheur et promesses d'amour !

= *FIN* =

Table

FINALE

Chansons de tous Temps
(2ᵉ Partie)

www.ingramcontent.com/pod-product-compliance
Lightning Source LLC
La Vergne TN
LVHW021709060726
842527LV00003B/1061